„Uns geht es recht gut...
in der behaglichen Ruhe, dem tiefen Frieden
und dem ruhigen Leben..."

Marie von Ebner-Eschenbach in St. Gilgen

von Renate Ebeling-Winkler
mit einem Beitrag von Horst Ebeling

herausgegeben vom Heimatkundlichen Museum St. Gilgen
und vom Archiv für Ortsgeschichte St. Gilgen

Herausgeber:
Heimatkundliches Museum St. Gilgen und
Archiv für Ortsgeschichte St. Gilgen
Kustos und Geschäftsführer Augustin Kloiber

Gestaltung und Digitaldruck:
EISL&FRIENDS · Werbeagentur und Verlags GMBH
A-5340 St. Gilgen

ISBN:3-9501524-4-X

© 2002

Inhaltsverzeichnis:

1. Die Situation der Schriftstellerin
   und die Entwicklung St. Gilgens vor 1889 9

2. Fragestellung und Quellen 22

3. Herkunft und Biographie
   von Marie Ebner-Eschenbach
   geb. Gräfin Dubsky von Třebomyslic 27

4. Der abwesende Ehemann (von Horst Ebeling) 40

5. Marie von Ebner-Eschenbach
   und Josef Viktor von Scheffel 49

6. Beziehungen zum Kaiserhaus –
   das Elisabeth-Denkmal in Salzburg 58

7. Der Blick auf St. Gilgen und seine Bewohner 67

8. Der Wiener Gelehrten-
   und Künstlerkreis in St. Gilgen 80

9. Schule der Frauen in St. Gilgen 89

10. Arbeitsalltag in der Sommerfrische 100

11. Die Erdbeerfrau 105

Anhang

    Gedicht „Erdbeerfrau" 108
    Gedicht „Sommermorgen" 113
    Anmerkungen 114
    Werkeverzeichnis 126
    Autorin 127

Vorwort

Die Dichterin Marie von Ebner-Eschenbach war zehn Jahre lang regelmäßiger Sommergast in St. Gilgen, wo heute noch eine Straße ihren Namen trägt. Als der Gedanke aufkam, die Ehrenbürgerin durch die Aufstellung einer Büste zu ehren, lag es nahe, sich näher mit ihrem Leben und mit ihrer Zeit in St. Gilgen zu beschäftigen. Natürlich gibt es einige Bücher über Werk und Leben der Dichterin, in denen auch ihre St. Gilgner Zeit erwähnt wird, ohne deren Bedeutung für das schriftstellerische Schaffen der Marie Ebner-Eschenbach entsprechend zu würdigen. Das in diesem kleinen Buch vorgelegte Ergebnis der neueren Quellenforschung zeigt, dass Marie Ebner-Eschenbach nicht als Urlaubsgast in St. Gilgen geweilt hat, sondern dass sie während ihrer Sommeraufenthalte hier gelebt hat. Obwohl aus einem alten mährischen Adelsgeschlecht stammend, lehnte sie – übrigens auch in ihren Werken – die oberflächliche Verhaltensweise vieler ihrer Standesgenossen ab. Sie war also frei von Dünkel. Das verschaffte ihr Zugang zur einheimischen Bevölkerung, von der sie schon bald als eine der ihren angesehen wurde, so dass sie auf der Straße, im Gasthof oder bei Familienfeiern ihre für eine dem Realismus zugerechnete Schriftstellerin notwendigen Milieu- und Personenstudien machen konnte.

Doch allein vom Sammeln von Eindrücken kann eine Schriftstellerin nicht leben. Der Austausch mit anderen Literaten und Künstlern, mit kritischen und ehrlichen Zuhörern beim Vortrag der Entwürfe ist ebenso wichtig. Diese Bedingungen fand Marie Ebner-Eschenbach in St. Gilgen vor, nämlich einen Kreis von Gelehrten und Künstlern, die sich hier auf Dauer oder für den Sommerurlaub niedergelassen hatten. Nur so ist die faszinierende Tatsache zu erklären, dass eine in Wien lebende Schriftstellerin Jahr für Jahr im Sommer wieder nach St. Gilgen fährt, um hier zu leben und – zu arbeiten.

Das Buch versucht, die Bedeutung dieses kulturellen Umfeldes für die Ortsgeschichte ergänzend und nuancierend herauszuarbeiten, denn auch heute noch wird das kulturelle Leben St. Gilgens –

vermutlich mehr als in anderen Tourismusgemeinden – in ungebrochener Tradition von einem ganz starken Stamm von Kulturinteressierten geprägt. Ohne deren wohlgesinnte Förderung und tatkräftige Unterstützung wären die Aktivitäten der örtlichen Kulturvereinigungen nicht möglich. Auch die vorliegende Publikation verdankt – im Wortsinne – ihre Entstehung und Drucklegung einer großzügigen Spende von Frau **Barbara Florentine Behlau**, die seit Jahren an den Aktivitäten des Heimatkundlichen Museums Anteil nimmt. Ihr sei an dieser Stelle herzlich gedankt. Ein weiterer Dank gebührt Herrn **Ralf Nagel**, der die schon seit Jugendtagen bestehende Verbundenheit mit St. Gilgen dadurch zum Ausdruck bringen wollte, dass sich er und seine Frau **Angelika** ohne Zögern bereit erklärten, die Kosten für Anfertigung und Aufstellung des Denkmals zu übernehmen. Das Projekt wäre auch ohne die Hilfe und den unermüdlichen Einsatz von Frau **Maria** und Herrn **Georg Linner** nicht zustande gekommen. Auch ihnen ein herzliches „Danke schön".

Mögen also das Denkmal und dieses Buch den Bewohnern und Gästen von St. Gilgen eine bleibende Erinnerung an die große Schriftstellerin Marie v. Ebner-Eschenbach und ihre St. Gilgner Jahre vermitteln.

Augustin Kloiber
Kustos und Geschäftsführer

Wolfgang Planberger
Bürgermeister

1. Die Situation der Schriftstellerin und die Entwicklung St. Gilgens vor 1889

Abb. 1 Marie von Ebner-Eschenbach im Alter von 43 Jahren, sign. u. dat.: C(arl von) Blaas (Nauders 1815–1894 Wien). Museum Schloss Lissitz (Lysice).

Marie von Ebner-Eschenbach ist nicht allein wegen ihres literarischen Werks Ehrenbürgerin von St. Gilgen, viele ältere St. Gilgner sahen sie aus eigener Anschauung oder aus der Überlieferung auch als einen Fixpunkt der alljährlichen „Fremdensaison" an. Dabei verbrachte die berühmte Dichterin nur zehn – allerdings erlebnis- und arbeitsreiche – Sommer in St. Gilgen. Während ihr erster Aufenthalt im Juni 1889 lediglich vier Wochen dauerte, verweilte die aus Mähren stammende Baronin in ihrer letzten Saison 1898 in dem ihr vertrauten und liebgewordenen St. Gilgen insgesamt drei Monate, um den See und die Berge auch im jahreszeitlichen Wandel vom Sommer zum Herbst atmosphärisch erleben zu können.

Als die Neunundfünfzigjährige zum ersten Mal Quartier in ihrem Ferienort am Aber- oder Wolfgangsee bezog, stand sie kurz davor, zu einer der bekanntesten deutschsprachigen Erzählerinnen aufzusteigen, die mit den etablierten Repräsentanten des Realismus wie Conrad Ferdinand Meyer, Theodor Fontane, Wilhelm Raabe und Ferdinand von Saar in einem Atemzuge genannt wurde. Zudem war ihr Name bereits jenseits des Atlantiks bekannt. In den Vereinigten Staaten von Amerika war 1883 in Philadelphia eine englische Übersetzung ihrer „Aphorismen" (1) erschienen.

Der sich ankündigende Erfolg markierte das lang ersehnte Ende einer dreißigjährigen Pechsträhne, die Marie von Ebner-Eschenbach als Dramatikerin seit den 1850er Jahren verfolgt hatte. Ihre am Wiener Burgtheater aufgeführten Dramen wie „Maria Stuart, Königin von Schottland" oder „Marie Roland", ein die Zeit der Französischen Revolution behandelndes Werk, entsprachen nicht dem Geschmack des zumeist adeligen Publikums und wurden von der Kritik vernichtend beurteilt, so dass die Stücke aus dem Spielplan verschwanden, neue nicht in das Programm aufgenommen wurden und auch zwei kleine Lustspiele („Die Veilchen" und „Dr. Ritter"), die eine freundlichere Resonanz gefunden hatten, nur wenige Aufführungen erlebten.
Die seit ihren Kindertagen begeisterte Theaterbesucherin, die durch die Inszenierungen im Burgtheater geschult und zum Schreiben von eigenen Stücken angeregt worden war, fühlte sich von der ablehnenden Kritik persönlich tief getroffen. Das alte Hof-Burgtheater am Michaelerplatz verfügte über bedeutend weniger Plätze als das uns heute als Burgtheater vertraute wesentlich größere Haus am Ring. Als der am Michaelerplatz im Publikum überrepräsentierte Adel begann, das Ehepaar Marie und Moriz von Ebner-Eschenbach sowie deren Verwandte aus der Familie Dubsky gesellschaftlich zu schneiden, wurde das Gefühl der öffentlich bekundeten Ablehnung noch verstärkt.
Es galt als inakzeptabel, dass eine Adelige, deren Ehemann eine

exponierte Stellung in der Armee bekleidete und deren Verwandte im Dienste des Hofes standen, den bürgerlichen Beruf einer Schriftstellerin ausübte und damit Geld verdiente. Diese von ihren Standesgenossen kritisierte Lebensführung war jedoch Ausdruck und Folge eines tiefgreifenden Entschlusses, den die Getadelte bereits in ihrer Kindheit und später als junge Frau ein zweites Mal gefasst hatte: Eine berühmte Dichterin zu werden und die ihr – wie damals fast allen Mädchen aus adeligem oder bürgerlichem Hause – vorenthaltene Schulbildung als Autodidaktin so gut wie möglich nachzuholen. Der fünfzehn Jahre ältere Ehemann Moriz, ihr Cousin ersten Grades, unterstützte das Vorhaben seiner achtzehnjährigen Ehefrau. Er veranlasste, dass sie, deren Kenntnisse der ihr in der Kindheit von französischen Gouvernanten vermittelten französischen Sprache und Literatur wesentlich besser waren als ihre Deutschkenntnisse, einen systematischen Deutschunterricht durch den Lehrer Karl Böhm erhielt. Nachdem die Militär-Ingenieurakademie von Wien nach Klosterbruck (Louka) bei Znaim (Znojmo) verlegt worden war, bat der an dieser Anstalt lehrende Ingenieur-Leutnant Moriz Ebner-Eschenbach seinen Kollegen Joseph Weil (später Ritter von Weilen und enger Vertrauter des Kronprinzen Rudolf), die Bildungswillige bei ihrem Selbststudium der deutschen Literaturgeschichte mit Rat und Tat zu unterstützen (2). Ende der 1850er Jahre kehrte das Ehepaar Ebner-Eschenbach wieder nach Wien zurück.

Bis zu seiner Zwangspensionierung im Jahre 1873, deren Ursachen wohl in Moriz Ebners vom Spätjosefinismus geprägter Rationalität und Aufrichtigkeit im Denken und Handeln zu suchen sind und für die der Makel der erfolglos schriftstellernden Ehefrau nur ein willkommenes zusätzliches Argument abgab, war Moriz häufig dienstlich im In- und Ausland auf Reisen. Diese Gewohnheit setzte er nach der Pensionierung mit Reisen fort, die ihn vom Orient bis nach Skandinavien führten (3).

Parallel dazu baute sich Marie einen aus Wissenschaftlern, Literaten und Schauspielern bestehenden liberal eingestellten Freundes- und

Abb. 2   Marie von Ebner-Eschenbach (1830–1916) als junge Ehefrau, undatierte Photographie.

Bekanntenkreis auf. Sie pflegte Kontakte zur Autorin Josephine Freiin von Knorr, mit dem am Burgtheater tätigen Faust Pachler, mit Graf Albert und Gräfin Wilhelmine von Wickenburg, mit dem an der Wiener Universität lehrenden Ästheten Robert Zimmermann, der sie mit Ferdinand von Saar bekanntmachte, mit dem Professor für Astronomie Karl von Littrow und seiner Frau Auguste von Littrow. Auguste von Littrow war eine der frühen Ratgeberinnen der Marie Ebner in literarischen Fragen. Oft besuchten die beiden Frauen gemeinsam den bis zu seinem Tode im Hause der Schwestern Fröhlich lebenden Franz Grillparzer.

Abb. 3   Ida von Fleischl-Marxow (gest. 1899),
engste Vertraute von Marie Ebner-Eschenbach.

Nach der Uraufführung ihres Stückes „Die Veilchen" im Jahre 1863 lernte sie im littrowschen Salon Ida von Fleischl-Marxow (4) und die im Hause Fleischl-Marxow lebende Schriftstellerin und Journalistin Betty Paoli (alias Elisabeth Glück) kennen (5).
Die Bekanntschaft und die daraus entstehende lebenslange Freundschaft mit Ida Fleischl stellt eine der entscheidenden Zäsuren in der Laufbahn der Ebner zur Erfolgsautorin dar. Alle handschriftlichen Werkentwürfe, Druckfahnen und überarbeiteten Manuskripte für Neuauflagen legte sie der Freundin vor, ehe sie die Texte an die Verlage schickte. Die Bedeutung und der Anteil Ida Fleischls beim Entstehungsprozess der Werke Marie Ebners würden es durchaus rechtfertigen, von einer Co-Autorenschaft Ida Fleischls zu sprechen, zumal diese sich mit ähnlicher Intensität bereits um die Werke von Betty Paoli verdient gemacht hatte.

Abb. 4   Betty Paoli (Elisabeth Glück) (1814–1894), Journalistin und Schriftstellerin.

Mit beiden Freundinnen beteiligte sich Marie Ebner-Eschenbach aktiv an der Einrichtung des 1885 in Wien gegründeten Vereins der Schriftstellerinnen und Künstlerinnen. Der Verein verfolgte zwei Ziele: Schriftstellerinnen und Künstlerinnen, die ihre Tätigkeit als Brotberuf ausüben mussten, bei Krankheit und im Alter materiell ausreichend abzusichern und schreibende Frauen und Künstlerinnen durch Lesungen, Vorträge und Musikaufführungen zu fördern (6). Über Idas Sohn, den Arzt Ernst von Fleischl, der Assistent bei Karl von Rokitansky war, fand Marie Ebner-Eschenbach Zugang zu den Größen und dem exklusiven Kreis der Wiener medizinischen Schule sowie zu den Gelehrtenfamilien Frisch und Exner, deren Nachkommen bis heute im St. Gilgner Brunnwinkl ansässig sind. Der mit den Exner und Frisch verwandte Billroth-Schüler und Chirurg Robert Gersuny (7) war Marie Ebners Operateur. Josef Breuer, der wissenschaftliche Weggefährte von Sigmund Freud, betreute Marie Ebner-Eschenbach, die Familien Fleischl-Marxow, Exner und Billroth als Hausarzt in Wien und suchte seine Patienten auch in ihrem sommerlichen St. Gilgner Domizil auf.

Die Familie Dubsky verfolgte die intensiven und weitläufigen Kontakte ihrer aus der Art geratenden Tochter, Schwester, Schwägerin und Nichte zu bürgerlich-liberalen Kreisen mit zurückhaltendem Interesse. Die Kritik am Adel, dessen Oberflächlichkeit in der Lebenseinstellung und Lebensführung Marie Ebner-Eschenbach in den Erzählungen „Aus Franzensbad" und „Comtess Muschi" schonungslos angeprangert hatte, wurde ihr von den Standesgenossen übel angekreidet. So brach Therese Colloredo (8) nach dem Erscheinen der „Muschi" demonstrativ ihre Freundschaft zu Marie Ebner-Eschenbach ab. Es war unübersehbar, dass die Baronin eine „gesinnungsbürgerliche" Haltung angenommen hatte. Die Korrespondenz mit den von der Familie als „bürgerlich" titulierten Bekannten und Freunden unterzeichnete sie stets mit „Ihre Marie Ebner" oder „Deine (alte) Marie". Die lebenslange Freundschaft zu Louise Gräfin von Schönfeld, die vor ihrer Heirat unter dem Namen Louise Neumann eine bekannte Burgschauspielerin gewesen war (9), sowie das genaue Studium von einzelnen Charakteren aus den unteren Bevölkerungsschichten sind ein Beleg dafür, dass Marie Ebner-Eschenbach ein offenes Modell der gesellschaftlichen Elite bevorzugte, welche die Besten aller Stände in sich vereinen sollte.

Nicht nur die Lebenslinien der berühmten Besucherin und späteren Ehrenbürgerin verliefen in den drei Jahrzehnten vor ihrer Sommerfrische in St. Gilgen in einem bewegten Auf und Ab. Der Ort selbst erlebte in der zweiten Hälfte des 19. Jahrhunderts einen tiefgreifenden Wandel, wie der Titel der Ortschronik „Vom Fischerdorf zum Fremdenverkehrsort" (10) treffend zum Ausdruck bringt.

Abb. 5 Wolfgangsees mit St. Gilgen, Lithographie von Jakob Alt (1789–1872), undatiert, Archiv für Ortsgeschichte St. Gilgen.

Die bis zur Jahrhundertmitte entstandenen Landschaftsbilder von Johann Fischbach, Jakob Alt, Ludwig Richter und Georg Pezolt zeigen die Gegend um den Aber- oder Wolfgangsee als eine von Menschen kaum berührte Naturlandschaft. Dem mit der Kulturgeschichte der Region nicht vertrauten Betrachter dieser von den Ideen der Romantik geprägten Entwürfe einer Natur-Idylle bleibt verborgen, dass bis ins 18. Jahrhundert das Gebiet jährlich von Mai bis Oktober von zahlreichen in- und ausländischen Wolfgang-Wallfahrern besucht worden war und der Transport der Wallfahrer auf Zillen über den See für die St. Gilgner eine wichtige Einnahmequelle gebildet hatte. Die romantischen Darstellungen verschweigen ebenso, dass neben der Land- und Forstwirtschaft die Einheimischen seit 1700 mit der Produktion von Gläsern in der Glashütte Aich einen zusätzlichen Erwerbszweig hatten, der ihre kümmerliche wirtschaftliche Existenz – wie in vielen Teilen Europas – am Ende der höfischen Gesellschaft aber nicht zu verbessern vermochte. Schließlich geben die Bildquellen aus dem Biedermeier keine Auskunft darüber, dass St. Gilgen im 17. und 18. Jahrhundert ein bedeutender Herstellungsort für Klöppel-Spitzen gewesen war,

Abb. 6   Spitzenklöpplerin, Gemälde „Der Spargroschen" von Louise Max-Ehrler von Erlenburg (Florenz 1850–1920 Salzburg-Aigen) um 1885. Heimatkundliches Museum St. Gilgen, Leihgabe des Museums der Erste Bank der Österreichischen Sparkassen AG, Wien, Inv. Nr. 2794.

welche die St. Gilgner als Wanderhändler in Österreich, Kroatien und Schwaben verkauft hatten (11). Nach dem Ende des höfischen Bedarfs an Spitzenbesatz war selbst diese mit bescheidenen Gewinnen verbundene Einkunftsart weggefallen. Die Schilderungen der ersten Reiseschriftsteller Alexander von Humboldt und Joseph August Schultes verfestigten die von der Malerei kreierte romantische Stimmung.

1820 wurde in Ischl ein Heilbad eingerichtet, das von prominenten Kurgästen wie dem Fürsten Metternich oder dem Erzherzog Karl Ludwig und seiner bis dahin kinderlos gebliebenen Frau Sophie besucht wurde. Als sich der Kinderwunsch des Paares erfüllte und ihm 1830 sein ältester Sohn Franz Josef, der spätere österreichische Kaiser, geboren wurde, erlangte der Kurort bis zum Ende der österreichisch-ungarischen Monarchie eine ungebrochene Anziehungskraft (12).

Abb. 7 Die junge Erzherzogin Sophie mit ihrem ältesten Sohn Franz Josef. Gemälde von Joseph Karl Stieler (1781–1858).

Die Wahl von Bad Ischl zum bevorzugten Sommeraufenthaltsort der kaiserlichen Familie wirkte wie eine Initialzündung bei der Entwicklung des inneren und äußeren Salzkammergutes zu einer Ferienregion. Da ausreichende Unterkunftsmöglichkeiten in der Umgebung fehlten und vor allem die Verkehrswege unzureichend ausgebaut waren, empfahl die Reiseliteratur nur den Besuch von Ausflugszielen, die mit der Kutsche von Ischl aus in einer Tagestour zu erreichen waren. Damit war St. Gilgen in der Frühzeit des

Salzkammergut-Tourismus im Vergleich zu St. Wolfgang benachteiligt, das außerdem von der touristischen Erschließung des Schafberges profitierte: 1862 wurde auf dem Schafberg das erste Berghotel Österreichs gebaut, vom Jahre 1893 an konnte man den Gipfel des als „österreichischer Rigi" bezeichneten Berges mit der Zahnradbahn bezwingen (13).

Die Eröffnung der Kaiserin-Elisabeth-Westbahn von Wien nach Salzburg im Jahre 1860 und die später erfolgte Weiterführung der Bahnlinie von Attnang-Puchheim nach Bad Ischl bildeten die Voraussetzung für die Einrichtung der Schifffahrt auf den Salzkammergutseen. Seit 1873 verkehrten auf dem Wolfgangsee Dampfschiffe mit Personenbeförderung. Die mit der Bahn angereisten Touristen, die von den Bahnstationen mit Stellwagen oder Kutschen zu den Landungsplätzen gebracht wurden, legten das letzte Stück ihres Reiseweges nun bequem mit dem Schiff zurück.

Abb. 8   Dampfschiff „Kaiser Franz Josef" auf dem Wolfgangsee, noch heute - dieselgetrieben - in Verkehr.

In dieser Phase holte das Dorf St. Gilgen auf. Nach dem Bau der Salzkammergut-Lokalbahn (1890-1893) war es sogar aus zwei Richtungen – über Salzburg und über Bad Ischl – mit der Bahn direkt zu erreichen (14) und erlebte einen raschen Aufstieg zum viel besuchten Ausflugs- und Ferienort.

Abb. 9 St. Gilgen mit „Ischlerbahn", (Salzkammergut Lokalbahn). Sammlung SKGBL-Museum, Mondsee.

Marie von Ebner-Eschenbach, ihre Freunde und Bekannten wählten also keineswegs zufällig St. Gilgen zu ihrem Sommerfrischeort. Die Nähe zur kaiserlichen Sommerresidenz Bad Ischl garantierte eine schnelle Beförderung des Postgutes von und nach St. Gilgen. Nur die vorhandenen Unterkunftsmöglichkeiten entsprachen nicht den Anforderungen, die die Wiener Fabrikanten, Gelehrten und Künstler an den Ort stellten, in dem ihre Familien mitsamt dem Hauspersonal und einem Teil des Hausrats aus der Wiener Wohnung einen mehrwöchigen, manchmal mehrmonatigen Sommer-Aufenthalt verbringen wollten. Tagsüber ging man auf die Jagd, ruderte oder segelte, unternahm Spaziergänge entlang des Sees oder stieg auf die Berge. Für ein geselliges Zusammensein und für künstlerische Veranstaltungen am Nachmittag oder am Abend im Stil der in der Metropole Wien gepflegten Salonkultur erwiesen sich die im Dorf vorhandenen Sommerwohnungen als wenig geeignet. So war es naheliegend, dass wohlhabende Sommergäste Bauerngüter für einen Zweitwohnsitz erwarben, die alten Häuser für ihre Zwecke baulich adaptierten (15) oder sie niederreißen ließen, um an ihrer Stelle Gebäude im (Schweizer) Landhausstil oder die bis heute für das Salzkammergut als typisch geltenden Sommervillen mit Holzbalkonen und verglasten Veranden zu errichten.

Abb. 10   Villa Billroth in St. Gilgen, um 1890, Kopf-Illustration, Brief von Else Billroth an Marie Ebner-Eschenbach, dat.: 7. 8., o. J., WStLB, Hss, IN 165.978.

Als Folge der Bauernbefreiung waren viele Bauerngüter mit Hypotheken belastet und hoch verschuldet. Die Entpflichtung von den bis 1848 vorgeschriebenen Abgaben an verschiedene Grundherren in Form von Geld-, Natural- und Arbeitsleistungen (Robot) mussten die Bauern in den 1850er Jahren in Geld ablösen, das in den seltensten Fällen vorhanden war (16). Die Initiative zum Verkauf ging deshalb zum Teil von den Verschuldeten selbst aus (17), die danach trachteten, sich aus der jahrzehntelang andauernden misslichen Lage zu befreien.

2. Fragestellung und Quellen

Die Untersuchung über Marie Ebner-Eschenbachs Aufenthalte in St. Gilgen versteht sich als literarhistorischer Beitrag. Er will darstellen, wie eng Marie Ebner-Eschenbach in den Kreis ihrer am Abersee urlaubenden Wiener Bekannten und Freunde eingebunden war und wie diese versuchten, das schriftstellerische Werk der Dichterin zu fördern und zu unterstützen, auch in der Zeit, als Marie Ebner-Eschenbach nach dem Tode ihrer besten Freundin und Vertrauten Ida Fleischl am 4. Juni 1899 sich weitere Aufenthalte in St. Gilgen versagte, um schmerzhafte Erinnerungen an die Verstorbene zu vermeiden.
Besondere Aufmerksamkeit wird den Gesprächen über Literatur und Frauenthemen innerhalb eines ausgewählten Freundinnen-Kreises der Ebner gewidmet, die von den Anwesenden vor Ort geführt wurden und sich in der Korrespondenz fortsetzten.
Es wird versucht, den intensiven Arbeitsalltag der Autorin in ihrem Ferienort nachzuzeichnen. Sie wusste den im Vergleich zu Wien kürzeren Postweg zu den in Deutschland ansässigen Verlagen für ihre Textüberarbeitungen und Textentwürfe geschickt zu nutzen. Auch der kurzfristig dringend benötigte Rat, den sie von Paul Heyse in München bezüglich eines angemessenen Autorenhonorars für ihre bei Paetel in Berlin geplante Erstausgabe der gesammelten Werke einholte, traf in St. Gilgen umgehend ein.
Mit der ihr eigenen Beobachtungsgabe hat Marie Ebner-Eschenbach ihre Eindrücke von den Einheimischen und dem St. Gilgner Lokalkolorit in ihren Tagebüchern festgehalten, so dass ihre Schilderungen eine die Ortsgeschichte ergänzende und nuancierende Quelle darstellen.
Dem St. Gilgen stets fern gebliebenen Ehemann einen Abschnitt widmen zu wollen, scheint auf den ersten Blick hin wenig sinnvoll zu sein. Einige Marie-Ebner-Eschenbach-ForscherInnen werfen Moriz Ebner vor, sie in ihrer Misserfolgs-Phase entmutigt und ihr das Schreiben sogar untersagt zu haben (1). Eine nähere Betrachtung seiner Biographie relativiert das Bild vom verständnislosen Ehemann. Sie legt sympathische Wesenszüge eines Mannes frei, der

nach der Pensionierung ein wachsendes Verständnis für das literarische Schaffen seiner Frau entwickelte und sie bestärkte, nach St. Gilgen zu fahren, wo sie ihre dichterischen Vorstellungen besser verwirklichen konnte, weil die Störungen durch die zahlreichen Besucher und die familiären Verpflichtungen in Wien wegfielen. Anknüpfend an die Einstellung des Ehemanns war die Frage anzuschneiden, warum die übrige Familie Dubsky von Třebomyslic bis in die 1880er Jahre gegen ihre schreibende Verwandte eingestellt war. Marie von Ebner-Eschenbachs zweiter Bruder, der Diplomat Josef Viktor Dubsky (1834-1915), war mit Rosine Gräfin Thun-Hohenstein (1848-1931) verheiratet (2), deren Familie Schloss Neuhaus in der Salzburger Vorstadt-Gemeinde Gnigl besaß. Auf der Durchreise oder von Salzburg aus besuchten Mitglieder der Familie Dubsky die Autorin während ihres Kuraufenthalts in den 1880er Jahren in Bad Reichenhall und in den 1890er Jahren in St. Gilgen. In Anbetracht der hohen Auszeichnungen, die Marie von Ebner-Eschenbach zu Lebzeiten in Österreich verliehen wurden – als zweite Frau empfing sie 1899 aus der Hand Kaiser Franz Josef I. das Österreichische Ehrenzeichen für Kunst und Wissenschaft (3), ein Jahr später erhielt die Siebzigjährige das Ehrendoktorat der Wiener Universität und 1910 zum 80. Geburtstag den Elisabeth-Orden I. Klasse – stellt sich die Frage, wie die seit 1898 verwitwete Baronin von Angehörigen des Kaiserhauses beurteilt wurde.

Für die vorliegende Publikation wurden im Teil-Nachlass von Marie Ebner-Eschenbach in der Handschriftenabteilung der Wiener Stadt- und Landesbibliothek folgende Autographen eingesehen: Marie Ebners Briefe aus St. Gilgen an Betty Paoli, aus dem Nachlass Emilie Exner (Pseudonym: Felicie Ewart) die Briefe, die sie aus St. Gilgen und von anderen Orten an Marie Ebner geschrieben hat. Korrespondenzstücke von Else Billroth, Sigmund Exner und Otto von Fleischl aus St. Gilgen, Wien und Rom an Marie Ebner. In der Handschriftenabteilung der Badischen Landesbibliothek in Karlsruhe wurde der Nachlass von Hermine Villinger benutzt. Aus dem im Archiv der Stadt Salzburg verwahrten Anton-Breitner-Nachlass, der derzeit bearbeitet wird und für die öffentliche Benützung noch nicht zur Verfügung steht, stammen die Quellen zum Scheffelbund.

Aus der gedruckten Korrespondenz wurden verwendet: Die Briefe Marie Ebners aus St. Gilgen an Paul Heyse, ihre Briefe aus St. Gilgen an den Berliner Verleger Julius Rodenberg, die Briefe von Marie Ebner an ihren Hausarzt Josef Breuer aus St. Gilgen, Wien und Rom, die Briefe Breuers an Marie Ebner-Eschenbach aus St. Gilgen, Wien und Bad Reichenhall sowie die Briefe von Theodor Billroth aus St. Gilgen an verschiedene Adressaten.

Abb. 11 Josef Breuer (1842–1925), Hausarzt Marie Ebner-Eschenbachs in Wien und St. Gilgen und wichtiger Schreibpartner.

Die Tagebücher von Marie Ebner-Eschenbach, die seit Anfang der 1980er Jahre zum ersten Mal in einer historisch-kritischen Ausgabe im Druck aufliegen, stellen einen unerschöpflichen Fundus an Einzelheiten für die Biographie Marie Ebner-Eschenbachs dar und

gewähren darüber hinaus detaillierte Einblicke in die Salonkultur des Wiener liberalen Bürgertums von der zweiten Hälfte des 19. Jahrhunderts bis zur Zeit des Ersten Weltkriegs.
Was die Vollständigkeit und die Authentizität der in den Tagebüchern enthaltenen Informationen angeht, sind allerdings einige einschränkende Bemerkungen zu treffen. Marie Ebner-Eschenbach hat zwischen 1863 und 1916 Tagebuch geführt. Die täglichen Ereignisse schrieb sie in Notizbücher, die jedoch nicht vollständig erhalten sind. In den überlieferten Notizbüchern im Mährischen Landesarchiv Brünn und in den Abschriften in der Wiener Stadt- und Landesbibliothek fehlen zehn Jahre, also ein knappes Fünftel der vorhandenen Einschreibbücher, verteilt auf den gesamten Zeitraum (4).

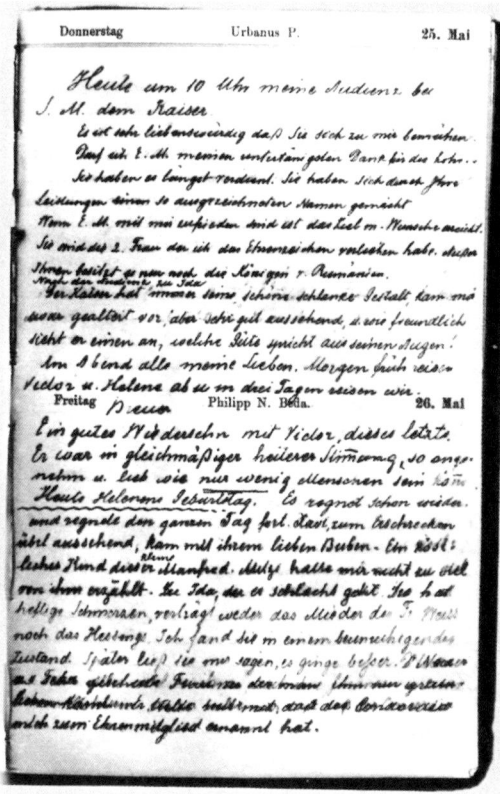

Abb. 12   Manuskriptseite aus dem Schreibkalender von 1898. Mährisches Landesarchiv Brünn (Brno).

Von den zehn St. Gilgner Jahren sind nur sieben in Marie Ebners Tagebuch-Aufzeichnungen dokumentiert, für die Jahre 1892, 1894 und 1895 klafft bedauerlicherweise eine Lücke. Von den vorhandenen Notizbüchern existieren außerdem drei Text-Varianten: 1905 überarbeitete die fünfundsiebzigjährige Autorin ihre Tagebücher und fertigte einen Auszug an, den sie ihrem Biographen Anton Bettelheim für eine Veröffentlichung übergab. Nach ihrem Tod entstand aus der Hand der Familie Dubsky ein zweiter Auszug aus den Tagebüchern, so dass in die historisch-kritische Ausgabe der Tagebücher drei voneinander abweichende Text-Lesarten aufgenommen wurden: Der aus der Feder Marie Ebners stammende Original-Text, ihr selbstzensierter Text-Auszug von 1905 und der von den Dubsky nach dem 12. März 1916 hergestellte familienzensierte Text-Auszug (5).
Für Zitate aus den Tagebüchern und Briefen wurde die Schreibweise an die seit 1996 gültigen orthographischen Regeln angepasst, die in den Tagebüchern und Briefen fehlenden Kommas wurden zur besseren Lesbarkeit ergänzt. Auf eine Kenntlichmachung der Rechtschreibfehler in den Quellen und Dokumenten wurde verzichtet. Es wäre wünschenswert, wenn die gesamte bisher unveröffentlichte Korrespondenz von und an Marie Ebner-Eschenbach im Druck erschiene. Bestimmte Ereignisse, die sie in den Tagebüchern knapp in einem sachlich-objektiven Ton festhält, weil ihr nur ein bestimmter Umfang auf einer Tagesseite im Schreibkalender zur Verfügung steht, kommentiert sie in Briefen an Freunde und Bekannte subjektiv-emotional und vor allem ausführlicher. Die genauere Lektüre erweckt den Eindruck, dass die Notizbücher der Autorin zum täglichen Einüben in den Schreibstil der Prosawerke gedient haben. Einige dem Anhang eines Tagebuch-Jahrgangs beigefügte Text-Skizzen finden sich in später herausgegebenen Bänden der „Parabeln" und „Aphorismen" wieder (6). Die Tagebuch-Einträge beginnen meist mit dem Wetter und dem gesundheitlichen Befinden, setzen sich mit der Beschreibung des Tagesablaufes fort und berichten von den Besuchern, von den häuslichen und familiären Verpflichtungen, vom beabsichtigten und tatsächlich geleisteten Arbeitspensum, von politischen Ereignissen, von Ausstellungs-

besuchen, von der Teilnahme an Vorträgen oder Lesungen und von Theateraufführungen. Sie enden meist mit der Auflistung der eingegangenen Korrespondenz und der erledigten Antwortbriefe.

3. Herkunft und Biographie von Marie Ebner-Eschenbach geb. Gräfin Dubsky von Třebomyslic

Marie Gräfin Dubsky von Třebomyslic wurde am 13. September 1830 auf Schloss Zdislawitz (Zdislavice) in Mähren geboren.

Abb. 13   Schloss Zdislawitz - zur Zeit der Aufnahme (2000) Heim der Behindertenfürsorge. Foto: Augustin Kloiber.

Der eigentliche Stammsitz des alten böhmischen Adelsgeschlechtes Dubsky, das sich nach der Burg Dub nannte, war das Dorf Třebomyslic bei Horazdiowitz im südböhmischen Bezirk Strakonitz (Strakonice).
In den beiden Anfangsjahrzehnten des 17. Jahrhunderts besaß der Gründer des mährischen Familienzweiges Wilhelm Dubsky von Třebomyslic vier Grundherrschaften und bekleidete zudem das Amt des obersten mährischen Richters (1).

Wie nahezu alle alt-böhmischen Adelsgeschlechter hatten auch die väterlichen Vorfahren Marie Ebner-Eschenbachs die Folgen des missglückten Aufstands der protestantischen Stände Böhmens gegen den katholischen Kaiser Ferdinand II. nach der verlorenen Schlacht am Weißen Berg vor den Toren Prags (1620) zu tragen. Nach der Hinrichtung von siebenundzwanzig Protagonisten des Aufstands auf dem Schafott vor dem Altstädter Rathaus in Prag (2) und der einsetzenden Auswanderung von dreißigtausend Familien in protestantische Länder, begannen die gesetzlichen Bestimmungen über die Güter-Konfiskation in der Praxis zu greifen: Alle Adeligen und Bürger, denen in irgendeiner Form Verbindungen zu den Aufständischen oder zum Protestantismus nachgewiesen werden konnten, verloren ihren Besitz. Da ein solcher Nachweis bei fast allen Angehörigen dieser Stände geführt werden konnte, wechselte im Laufe der folgenden Zeit über die Hälfte des Landes seine Besitzer und wurden Tausende von ehemaligen Landeignern zu Bettlern gemacht. Einige Adelsfamilien, die sich rechtzeitig auf die Seite der Sieger geschlagen hatten – wie die Wallenstein (Waldstein), Liechtenstein oder Eggenberg – konnten riesige Güterkomplexe an sich bringen. Andere Grundherrschaften wurden während des Dreißigjährigen Krieges oder danach Offizieren und Kriegs-Kleinunternehmern an Stelle ihres Soldes übergeben. Es entstand ein neuer böhmischer Adel, der seiner Herkunft nach deutsch, italienisch, spanisch, flämisch oder schottisch war, dem folglich der Sinn für die gewachsenen kulturellen Traditionen im Königreich Böhmen und in der Markgrafschaft Mähren fehlte. Die Entwicklung der tschechischen Sprache und Literatur erfuhr ein abruptes Ende (3), da die Gegenreformatoren die auf einem hohen Niveau stehende Schrift- und Buchkultur in Böhmen unter dem Verdikt „tschechisch-nationalistisch-protestantisch" zusammenfassten und die alten Strukturen des Buchmarktes zerschlugen, so dass die tschechische Sprache, ihrer Schriftlichkeit beraubt, zu einem von den niederen Volksschichten gesprochenen Dialekt herabsank. Die Familie des Reichsfreiherrn Wilhelm

Dubsky von Třebomyslic verlor alle vier Grundherrschaften. Nach der Konversion zum katholischen Glauben reüssierten die Nachfahren des Wilhelm Dubsky als Angehörige katholischer Orden – so leitete Wilhelm Dubskys Enkel Johann als Rektor das Jesuitenkollegium im südböhmischen Neuhaus (Jindřichuv Hradec) – oder standen wenige Generationen später in respektablen Militär- und Verwaltungsdiensten der Habsburger (4).

Abb. 14　　　　　　　Schloss Lissitz (Lisice) - heute Museum.

Im ersten Drittel des 19. Jahrhunderts nahmen sich die Dubsky von Třebomyslic das Haus Habsburg zum Vorbild: Durch geschickte Heirats- und Erbpolitik brachten sie sich in den Besitz von Grundherrschaften, Landsitzen und Stadthäusern, die ihre Ehefrauen als Alleineigentümerinnen in die Ehe mitgebracht hatten und dem Ehemann vor ihrem Tode testamentarisch vermachten oder an ihre Söhne vererbten. Die Nachfahren des Franz Karl Graf Dubsky von Třebomyslic (1749-1812), Gründer der Lissitzer Linie und Großonkel von Marie Ebner-Eschenbach, verdankten die Herrschaft Lissitz (Lysice) und das Gut Drnowitz (Drnovice) der Mitgift von Antonie Piati von Drnowitz, der zweiten Frau des Franz Karl Graf Dubsky von Třebomyslic.
Der Vater von Marie Ebner-Eschenbach und der Gründer der

Zdislawitzer Linie, Franz Graf Dubsky von Třebomyslic, war vor seiner ersten Heirat ebenso wie seine drei Geschwister ziemlich mittellos. Seine beiden Brüder waren in den Befreiungskriegen gegen Napoleon gefallen, er selbst war verwundet worden und in französische Gefangenschaft geraten. Seine Schwester Helene, die Tante und spätere Schwiegermutter von Marie Ebner-Eschenbach, hatte bei Aspern ihren Bräutigam verloren und heiratete ihren verwitweten Schwiegervater Wenzel Ebner von Eschenbach, der ihr eine gewisse materielle Sicherheit bieten konnte (5). Dieser Ehe entsprang ein einziger Sohn Moriz, der Cousin und künftige Ehemann von Marie Ebner-Eschenbach.

Franz Graf Dubsky war insgesamt viermal verheiratet. Seine erste Frau Konradine von Sorgenthal hinterließ ihm ein Stadthaus in bester Lage im I. Wiener Bezirk, durch testamentarische Verfügung seiner zweiten Frau Marie von Vockel, der Mutter Marie Ebner-Eschenbachs, kamen Schloss und Grundherrschaft Zdislawitz sowie zwei Häuser in Brünn auf den Zdislawitzer Zweig der Grafen Dubsky von Třebomyslic.

Abb. 15 und 16   Zwei Ansichten des Porzellansalons mit barockem Mobiliar im Brünner Stadtpalais der Familie Dubsky, Aquarelle von Gabriele Murad-Michalkowski (geb. 1877), 1915.

Vor ihrem unerwarteten Tod zwei Wochen nach der Geburt von Marie hatte sie ihren Gatten als Universalerben eingesetzt und ihre beiden Töchter lediglich mit dem Pflichtteil bedacht (6).
Die Vorfahren von Marie Ebner-Eschenbachs mütterlichem Großvater waren Deutsche und Protestanten. Sie stammten aus Sachsen und besaßen das auf halbem Wege zwischen Leipzig und Meißen gelegene Gut Manschatz als Erbsitz. Marie Ebners mütterlicher Urgroßvater Friedrich Sigmund von Vockel war General und wirkte bis zu seinem Tode am Wiener Hof als Gesandter des Herzogtums Hessen-Darmstadt.

Abb. 17
Carl Ehrenbert
Freiherr von Moll
(1765-1832),
mit Marie Ebner-Eschenbach
über ihre mütterliche Vorfahren
weitläufig verwandt.

Durch ihre mütterliche Urgroßmutter, eine Tochter des Reichshofrates Freiherr von Moll in Wien, ergibt sich eine weit entfernte verwandtschaftliche Verbindung zur Familie des berühmten Salzburger Staatsmannes, Bergbauexperten und Naturforschers Carl Ehrenbert Freiherr von Moll (7).
Marie Ebner-Eschenbach wurde nach ihrer Mutter Marie Vockel benannt, die um ein Jahr ältere Schwester Friederike („Fritzi") nach dem mütterlichen Großvater (8) Friedrich Siegmund von Vockel (1750-1829).

Abb. 18　Fritzi und Marie Dubsky im Alter von sieben und sechs Jahren, Reprod. v. Albert Frisch, Fünf-Farben-Druck in „Meine Kinderjahre", 2. Aufl., Berlin, Paetel 1907.

Der Absolvent der Theresianischen Ritterakademie in Wien war dem Rat seines Freundes und Besitzers des Zdislawitzer Nachbargutes Hoschtitz (Hoštice), Ferdinand von Geisslern, gefolgt und Landwirt geworden. Als erfolgreicher Schaf- und Rinderzüchter verfasste er für die mährisch-schlesische Landwirtschaftsgesellschaft Fachartikel und beteiligte sich als Initiator und Förderer tatkräftig am Aufbau des Mährischen Landesmuseums in Brünn. Nach seiner Heirat mit Marie Kaschnitz zu Weinberg kaufte Freiherr Friedrich Siegmund von Vockel, ohne auf Mitgift oder den künftigen Erbfall zu warten, seinem Schwiegervater Anton Kaschnitz zu Weinberg das Schloss und die Grundherrschaft Zdislawitz in der Nähe der Stadt Kremsier (Kroměříž) ab, die unter Siegmunds sachkundiger Führung zu einem Mustergut gediehen (9).

Abb. 19 Ansicht von Kremsier, Aquarell von Jakob Alt (1789–1872), 1842.

„Meine Schwester Friederike war vierzehn Monate, ich war vierzehn Tage alt, als unsere Mutter starb. Dennoch hat eine deutliche Vorstellung von ihr uns durch das ganze Dasein begleitet. Ihr lebensgroßes Bild hing im Schlafzimmer der Stadtwohnung unserer Großmutter." Mit diesen Sätzen leitet die fünfundsiebzigjährige Marie Ebner-Eschenbach ihre 1905 in Rom überarbeitete autobiographische Schrift „Meine Kinderjahre" ein (10).
Dialoge mit der auf dem Gemälde dargestellten Frauengestalt und die Schilderungen der Verstorbenen durch die Zdislawitzer Dienstboten und Dorfbewohner sind die Orientierungslinien, die in der Phantasie der kleinen Komtesse das Bildnis der Mutter lebendig werden lassen. Von daher ist es ein naher Schritt zu den ersten Schreibversuchen: In des Mädchens Vorstellungswelt entstehen Personen, mit denen es korrespondiert, die für seine Befindlichkeit Verständnis aufbringen.

Abb. 20 Erste Schreibversuche der siebenjährigen Marie Dubsky, nach einer Illustration von Maria Grengg, undatiert. Aus: Österreichs Dichterfürstin Marie von Ebner-Eschenbach. Bilder von Maria Grengg, Text von Dora Siegl. Prag (usw. um 1910) (= Künstlerbilderbücher der Sammlung „Österreichs Ruhmeshalle", hrsg. von Anton Herget)

Die Lektüre der französischen, englischen und deutschen Klassiker sowie die Welt des Theaters sind weitere Stationen, die Marie Dubsky zur Schaffung einer fiktiven Gegenwelt bewegen. Obwohl sie ihre ersten vierzehn Lebensjahre nach sechzig Jahren aus einer milden und abgeklärten Alterssicht schildert, wird deutlich, wie schutzlos das Kind den Autoritäten ausgeliefert war: Der zum dritten Mal verwitwete Vater war mit seinen vier halbwaisen Kindern überfordert, so dass auch die sechsjährige Marie sein tyrannisch-cholerisches Temperament zu spüren bekam, als sie nicht schnell genug lesen und schreiben lernte. Darüber hinaus war sie der Willkür der Klavierlehrerinnen und den Launen unfähiger französischer Gouvernanten ausgesetzt, die ihre Schutzbefohlenen täglich auswendig lernen ließen, aber „sich und ihren Schülerinnen nur spärliche Einblicke in die Geheimnisse der französischen Grammatik" gewährten (11).

Marie Dubsky verweigerte die für junge adelige Damen vorgesehene Erziehungsdressur in wesentlichen Punkten: Sie war an den neuesten Mode-Journalen nicht sehr interessiert, nahm nach ihrer Einführung in die Gesellschaft ungern an Bällen und Tanzveranstaltungen teil und kümmerte sich wenig um ihre Chancen auf dem Heiratsmarkt.

Stattdessen wurde ihr schmerzlich bewusst, welche Anstrengungen es kosten würde, die Unzulänglichkeiten der ihr als Mädchen gewährten oberflächlichen und rudimentären Bildung zu beheben. Besonderen Argwohn hegte sie gegenüber dem weiblichen Erziehungsideal von der Ausbildung des rein affektiv ausgerichteten „inneren Wesens der Frau", bei dem die Förderung der kognitiven Fähigkeiten sogar als schädlich erachtet wurde.

In ihrer Erzählung „Komtesse Paula" bringt Marie Ebner ihre ablehnende Kritik an der rein gefühlsbetonten Ausrichtung der Mädchenerziehung sachlich und schlagkräftig in der Argumentation auf den Punkt. Paula beschreibt in ihrer Autobiographie das Verhältnis ihres Vaters zu ihr: „Eine gelehrte Frau, sagt er, das ist die größte von allen Kalamitäten. ... 'Der Kopf der Frau soll in ihrem Herzen sitzen; aus dem Herzen, aus dem Gemüt muß bei der Frau alles kommen.' Weil er das gar zu oft wiederholt, habe ich ihm gestern eingewendet: 'Es muß kommen, sagst du, es kommt aber nicht. Es gibt Dinge, die auch eine Frau nicht aus den Tiefen ihres Gemüts schöpfen kann. So hat neulich Baron Schwarzburg von Livland gesprochen, und ich habe nicht gewußt, wo das liegt, und mein Herz hat es mir nicht gesagt (12).'"

Unterstützung auf dem Wege zur Schriftstellerin erfuhr Marie Dubsky durch ihre zweite Stiefmutter, die Gräfin Xaverine Kolowrat-Krakowský, die einige Gedichte ihrer Stieftochter von Franz Grillparzer begutachten ließ, der der jungen Verfasserin Talent bescheinigte (13).

Abb. 21
Franz Grillparzer
(1791–1872),
Begutachter der
frühen Gedichte Maries.

Die Heirat mit ihrem Cousin Moriz im Revolutionsjahr 1848, mit dem sie in Kindertagen in einem gemeinsamen Haushalt gelebt hatte, verschaffte ihr einen gewissen Freiraum für das Schreiben. Diese Verbindung zwischen Cousin und Cousine wird oft als Neigungsehe klassifiziert, in der die Partner zwar Zuneigung und Achtung füreinander empfunden hätten, der aber die Leidenschaft gefehlt habe, weil sie kinderlos blieb.
Viel zu wenig wurde aber bisher der Frage nachgegangen, ob die Kinderlosigkeit etwa gewollt war. Dem naturwissenschaftlich ausgerichteten Moriz Ebner-Eschenbach dürfte die genetische Gefahr für die einer Ehe zwischen Cousin und Cousine ersten Grades entspringenden Kinder bewusst gewesen sein. Zwar sind die Erkenntnisse des Vererbungsforschers Johann Gregor Mendel (1822-1884) erst zwanzig Jahre nach seinem Tod weltweit bekannt geworden, doch ist keineswegs auszuschließen, dass der an der Ingenieur-Militärakademie in Klosterbruck bei Znaim lehrende Moriz Ebner-Eschenbach mit dem 1849-1851 am Gymnasium in Znaim die naturwissenschaftlichen Fächer unterrichtenden Gymnasiallehrer Mendel, der dort im Schulgarten bereits seine ersten Erbforschungen betrieb, gesellschaftlichen und wissenschaftlichen Kontakt hatte (14). In seinen Erinnerungen beklagt sich Moriz über die Geldschneiderei

der römischen Kirche bei der Erteilung des für die Eheschließung mit seiner Cousine Marie notwendigen Ehedispenses. Das Geld stehe eigentlich dem Staate zu, da die Beschränkungen bei der Verwandtenehe auf physiologischen – in heutiger Ausdrucksweise also erbbiologischen –, nicht auf moralischen Ursachen beruhe. Ein weiterer Hinweis, dass sich Moriz Ebner mit Erbkrankheiten auseinandergesetzt hat, findet sich in seinen Memoiren. Er führt den Selbstmord von Kronprinz Rudolf in Mayerling auf die in der Familie Wittelsbach vorhandenen Neigungen zum Wahnsinn zurück (15).

Aus heutiger Sicht mutet die Ehe von Marie und Moriz von Ebner-Eschenbach modern an. Beide Partner trugen finanziell zum Lebensunterhalt bei. Moriz Ebner bezog eine monatliche Pension von 270 Gulden (16).

Da auch von einem Beamten im Ruhestand eine bestimmte Lebensführung erwartet wurde, waren die Lebenshaltungskosten relativ hoch.

Abb. 22   Moriz und Marie Ebner-Eschenbach, undatiert.

Abb. 23   Wohnung des Ehepaars Ebner-Eschenbach in Wien, der „Sternhof", Jordangasse/Schultergasse 5.

Die Geldbeträge, die Marie Ebner für ihre veröffentlichten Werke erhielt und die sie zum Teil in Wertpapieren anlegte, bedeuteten eine willkommene Finanzspritze für die Existenzsicherung. Ihre Reisen und ihre Uhren-Sammlung finanzierte sie von ihrem eigenen Einkommen (17). Mit zunehmendem Alter gestand sich das Ehepaar gegenseitig Freiräume zu, um die individuellen Aufgaben und Interessen zu verwirklichen. Marie Ebner-Eschenbach, die ihr schriftstellerisches Hauptwerk im Alter zwischen vierzig und siebzig schuf, musste sich ihre tägliche Zeit für das Schreiben immer wieder gegen die Anforderungen eines Schriftstellerinnenalltags wie die Erledigung der lästigen Korrespondenz, die sie langweilenden Werk-Überarbeitungen sowie störende Besuche erkämpfen.

Moriz' Reisen nach Nordeuropa und in den Orient wären für die an einer schmerzhaften Gesichtsneuralgie leidende Marie viel zu anstrengend gewesen. Moriz, der bis zu seiner Pensionierung seine militärischen Publikationen im Amt erledigen konnte, benötigte seine letzten Lebensjahrzehnte zur Niederschrift seiner Memoiren und zur Vorbereitung der Drucklegung. Er verfasste zwei Romane „Hypnosis perennis" und „Ein Wunder des Heiligen Sebastian", die beide 1897 bei Cotta in Stuttgart erschienen; sicherlich nicht, um sich vor seiner Frau zu beweisen, aber doch ein mutiges Unterfangen für den Ehemann einer der erfolgreichsten Erzählerinnen ihrer Zeit.

Seine angeblich auch entstandenen Theaterstücke sind nicht mehr erhalten (18). Daneben begann er wieder mit dem Klavierspiel und verfasste auch einige Lied-Kompositionen, die im Wiener Freundeskreis durch Idas mit dem Sohn Paul verheiratete Schwiegertochter Cécile Fleischl auch aufgeführt wurden (19).

Abb. 24 Lied-Komposition von Moriz Ebner, Archiv für Ortsgeschichte St. Gilgen.

Erschwert wurden diese Arbeiten durch einen beginnenden grauen Star, der trotz zweier Operationen zur Erblindung führte. Selbst wenn die Eheleute in der schöpferischen Phase ihrer literarischen Produktionen getrennte Wege gingen, unterstützten sie sich bei der Druckvorbereitung und der Vermarktung ihrer Schriften. Ohne die in St. Gilgen begonnene Bearbeitung der „Erinnerungen" durch Marie hätte der Paetel-Verlag Moriz' Manuskript nicht angenommen (20). Ebenso leitete Marie die Herausgabe der beiden Romane bei Cotta in die Wege. Damit konnte sie sich bei Moriz für dessen Unterstützung in der Anfangsphase ihrer schriftstellerischen Arbeit revanchieren (21).
Auch bei der Regelung von Familienangelegenheiten im weitverzweigten Dubsky-Familienverband tritt das Ehepaar Moriz und Marie gemeinsam auf.
Marie bezahlt von ihren Verlagseinkünften einen Teil der Spielschulden ihres leichtsinnigen jüngsten Halbbruders Heinrich, dessen Lebenswandel sich negativ auf die beruflichen Karrieren der Brüder Adolf und Viktor auszuwirken droht (22). Um den von Marie sehr geschätzten Adolf zu entlasten, der durch die Aufgaben des Familienoberhauptes finanziell und organisatorisch überfordert ist, übernimmt sein Cousin Moriz in selbstloser Weise einen Teil dieser Aufgaben (23).
Mit dem Tod von Moriz 1898 verliert sie den Gefährten in der geistigen Auseinandersetzung, in dem sie trotz häufiger räumlicher Trennung in fünfzigjähriger Ehe einen Gesprächspartner mit übereinstimmenden gesellschaftspolitischen Ansichten hatte.
Um der Leere ihrer Wiener Wohnung zu entfliehen, reist sie nach Rom und verbringt bis zur Mitte des Anfangsjahrzehnts im 20. Jahrhundert mehrere Winter in der ewigen Stadt.
Bis zu ihrem Tode 1916 lebt sie abwechselnd in Wien und Zdislawitz in enger Nähe zu ihrer Nichte Marie Kinsky.

4. Der abwesende Ehemann

Obwohl Moriz von Ebner-Eschenbach seine Ehefrau nie nach St. Gilgen begleitet oder dort besucht hat, muss ihm ein kurzes Kapitel gewidmet werden, denn häufig werden aus der Tatsache der Abwesenheit voreilige Schlüsse auf das eheliche Verhältnis zu Marie gezogen, wenn nicht gar darin ein Beweis für das immer wieder behauptete Desinteresse am schriftstellerischen Schaffen seiner Frau gesehen wird.

Moriz wurde am 27. November 1815 als einziger Sohn des k.k. Feldmarschall-Leutnants Wenzel Ebner Freiherr von Eschenbach und seiner zweiten Frau Helene Dubsky Freiin von Třebomyslic geboren. Im Alter von fünf Jahren verlor er seinen – allerdings damals schon 69-jährigen – Vater. Die von einem Vormund unterstützte nunmehr allein für die Erziehung zuständige Mutter sorgte dafür, dass Moriz bereits in jungen Jahren eine humanistische und musische Bildung erfuhr. Als nach dem Besuch des Schottengymnasiums in Wien für den Dreizehnjährigen die Weichen für eine höhere berufliche Schulbildung gestellt werden mussten, entschied sie sich gegen die nach der Laufbahn und Tätigkeit ihres verstorbenen Mannes naheliegende Ingenieurakademie – nach heutigen Begriffen eine höhere Schule für technische Offiziersanwärter – und brachte Moriz mit einem Stipendium an der Theresianischen Ritterakademie unter, wo der Nachwuchs für den höheren allgemeinen Staats(verwaltungs)dienst ausgebildet wurde. Helenes Entscheidung war sicher durch eigene leidvolle Erfahrung beeinflusst: Sie hatte nicht nur zwei Brüder in den napoleonischen Kriegen verloren, auch Wenzel Ebners von ihr ursprünglich als Bräutigam auserkorener jüngster Sohn Nikolaus war als Hauptmann bei Aspern gefallen. Ein ähnliches Soldatenschicksal wollte sie ihrem Sohn ersparen (1).

Die wohlmeinenden Pläne seiner Mutter durchkreuzte Moriz jedoch, als er 1834 aus der bei einem Achtzehnjährigen verständlichen Sehnsucht nach Veränderung, aber auch aus einem Widerwillen gegen die an der Ritterakademie nach den allgemeinbildenden Kursen anstehenden juristischen Kurse doch noch auf die Ingenieurakademie und damit zum Militärdienst wechselte (2). Die ihm als Ingenieur-Kadetten übertragenen (Hilfs-)Aufgaben beim Entwurf von Festungsbauten befriedigten ihn jedoch nicht, so dass er dankbar das Angebot einer Lehrtätigkeit an der Ingenieurakademie annahm. Die dafür erforderlichen Kenntnisse in Chemie und Physik eignete er sich „berufsbegleitend" an durch den Besuch der einschlägigen Vorlesungen an der Wiener Universität und am Wiener Polytechnikum, der Vorgängereinrichtung von Technischer Hochschule und heutiger Technischer Universität (3). Dabei bewies Moriz, dass er auch jenseits des Denkens in streng naturwissenschaftlichen Kategorien über erhebliche pädagogisch-didaktische Fähigkeiten verbunden mit Beobachtungsgabe und analytischem Denkvermögen verfügte, denn er musste das eben erst selbst erworbene Wissen ja in kürzester Zeit an seine Offiziersschüler weitervermitteln (4).

Abb. 25
Moriz Ebner Freiherr
von Eschenbach
(1815–1898).

So nimmt es nicht Wunder, dass Moriz, der sich bald zum international anerkannten Experten für Zünd- und Sprengtechnik entwickelte und aufgrund seiner Reisen, seiner Vorträge und Präsentationen sowie seiner Mitarbeit bei internationalen Konferenzen über gute Kontakte im In- und Ausland verfügte (5), sich auch außerhalb seines eigentlichen Fachgebiets einen kritischen Blick bewahrte und sich Gedanken zu von ihm beobachteten gesellschaftlichen und politischen Entwicklungen machte. Bemerkenswert sind insbesondere seine Ansichten zur Unzweckmäßigkeit der emanzipationsfeindlichen Frauenmode (6) und geradezu feministisch seine Forderung nach gymnasialer Ausbildung der Frauen und ihrem Zugang zur Universität (7).

Abb. 26
Briefmarke zur Errichtung des Wiener Mädchengymnasiums Marie Ebner von Eschenbach.
Entwurf Kolo Moser um 1915.

Wegen seiner Weltgewandtheit wurde Moriz auch mit außergewöhnlichen diplomatischen Aufgaben betraut. So musste er 1869 den Khediven, den osmanischen Vizekönig von Ägypten, auf dessen Österreich-Reise begleiten, was ihm wiederum eine persönliche Einladung zur Eröffnung des Suezkanals eintrug (8). Dank seinen Erfindungen, deren Bandbreite durch Rettungsgeräte für den (militärischen) Stollenbau, nachrichtentechnische Apparate und einen frühen Vorläufer der im Zweiten Weltkrieg verwendeten Flak-Scheinwerfer nur angedeutet werden kann (9), hätte Moriz von Ebner-Eschenbach nach eigener Einschätzung genauso als Zivilingenieur Erfolg haben können (10).

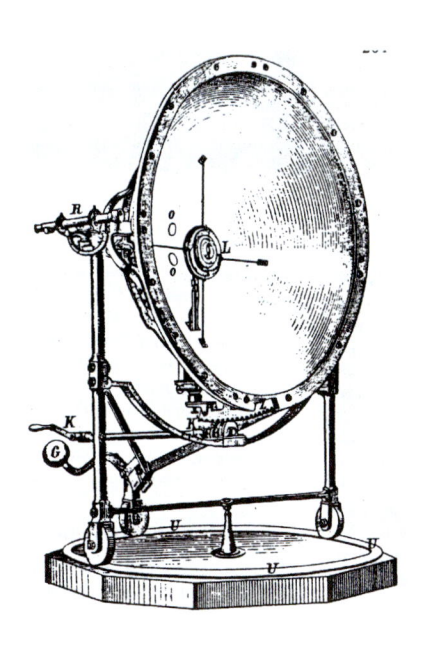

Abb. 27
Lichtprojektionsapparat von
Moriz Ebner-Eschenbach 1858/59.
Mit Knallgaslicht betriebener
drehbarer Scheinwerfer
zur Ausleuchtung von
Festungsvorfeldern
und Hafeneinfahrten -
Reichweite etwa 3000 Meter.

Aus: Mitterhofer, Bettina:
Moritz Ebner von Eschenbach –
Erfinder und Literat.

Immerhin war ihm der wichtigste Teil der für den Bau der Ringstraße notwendigen Sprengarbeiten an den Wiener Stadtbefestigungen übertragen worden. Da die Sprengungen in dicht bebautem Gebiet stattfanden, erforderten sie besonders viel Feingefühl und konnten wohl nur von einem derart versierten und abwägenden Fachmann wie Moriz Ebner bewältigt werden.

Abb. 28   Ansicht der Ringstraße um 1873. Museen der Stadt Wien.

Als Beweis für eine qualitätvoll gestaltete Architektur, deren der ursprünglich für den Festungsbau ausgebildete Genieoffizier fähig war, ist uns das nach seinen Entwürfen errichtete Zdislawitzer Familienmausoleum erhalten geblieben.

Es gilt also, das Bild von dem in militärischer Tradition verkrusteten Offizier zurechtzurücken, der seine Frau am Schreiben hindert. Gegen diese Vorstellung hat eigentlich schon immer gesprochen, dass nicht der – ebenfalls der Militärkaste angehörige – Vater Franz Dubsky die Begabungen, aber auch die sprachlichen und bildungsmäßigen Defizite Maries erkennt, sondern der Cousin und spätere Ehemann Moriz Ebner. Dieser sorgt dann eingedenk seiner eigenen humanistischen Ausbildung in Wien an der privaten Lateinschule Kudlich und am Schottengymnasium und der dabei empfundenen Freude am Lernen dafür (11), dass Maries Defizite so gut wie möglich ausgeglichen werden, und legt damit den Grundstein für ihren späteren literarischen Erfolg. Richtig ist, dass Moriz insbesondere nach Maries Misserfolgen als Dramatikerin erwog, ihr die schriftstellerische Tätigkeit zu untersagen, weil diese seine Karriere gefährden könnte (12). Wie berechtigt diese Furcht vor einer Art „Sippenhaft" in den intriganten österreichisch-ungarischen Hof- und Militärkreisen war, mag die „Affäre Wurzbach" belegen. Dr. phil. Constant von Wurzbach, der verdiente offizielle Historiograph der bedeutenden Persönlichkeiten des Kaisertums Österreich – sein biographisches Lexikon ist für heutige Historiker unentbehrlich –, verlor seine Amtsstellung im Innenministerium einschließlich der in 40 Dienstjahren erworbenen Pensionsansprüche und die Unterstützung der Akademie der Wissenschaften, weil ein junger Kunsthistoriker aus dem Dunst- und Gunstkreis des damaligen kaiserlichen Oberstkämmerers mit Wurzbachs Sohn (!) Alfred einen fachwissenschaftlichen Disput hatte (13). Übrigens erhielt Wurzbach erst nach Fürsprache Marie Ebner-Eschenbachs in Wien eine existenzsichernde Altersalimentation in seinem Berchtesgadener „Exil" (14). Keinesfalls entsprang Moriz' Karrieredenken Titelsucht oder sonstiger Eitelkeit, sondern der ganz nüchternen Überlegung, dass er mit seinem Gehalt die Familie ernähren musste. Marie konnte nämlich von ihrem Vater weder ihren müterlichen Erbteil am vockelschen Familienbesitz Zdislawitz erwarten noch hatte sie eine nennenswerte Mitgift bekommen, da die Ansprüche von Franz Dubsky weitgehend gegen die Erziehungskosten aufgerechnet worden waren (15). Die materiell begründeten Bedenken verloren aber mit dem wachsenden Erfolg Maries immer mehr an Bedeutung, da sie mit ihren Tantiemen zunehmend zum Familienunterhalt beitragen konnte. Auch waren nach Moriz' unfreiwilliger vorzeitiger Pensionierung keine Beförderungen und Gehaltssprünge mehr zu erwarten, Karriererücksichten entfielen damit ebenfalls.

Schon früher dürfte jedoch in Moriz Ebner-Eschenbach die Erkenntnis gereift sein, dass die Ehe mit einer (erfolglos) schriftstellernden Frau bei den gegen ihn laufenden Intrigen, die sich in Versetzungen auf Abschiebeposten äußerten (16), nur eine Nebenrolle spielte. Der Ingenieuroffizier Ebner-Eschenbach war ein liberaler, vom spätjosefinischen Geist geprägter, fortschrittsorientierter Denker, dem deswegen in der Militärhierarchie Misstrauen entgegenschlug. Nach der Niederlage der Armee bei Königgrätz gab es in der Militärführung eine spürbare Missgunst gegen die siegreiche Flotte und ihren Admiral Tegetthoff, der mit Ebner-Eschenbach befreundet war und an dessen erfolgreicher Abwehr des italienischen Angriffs Moriz durch die Verminung der adriatischen Häfen und Küstengewässer nicht unerheblichen Anteil hatte (17).

Abb. 29 Wilhelm von Tegetthoff in der Seeschlacht bei Lissa. Österreichische Galerie Wien.

Diese Missgunst traf auch den offiziell dem Landheer zugeordneten Ingenieuroffizier. Zwar gibt es in Moriz' oder in Maries Tagebüchern keinen Hinweis, aber es ist doch sehr wahrscheinlich dass der Zündungsspezialist um die in den Arsenalen der Armee zurückgehaltenen Hinterladergewehre wusste und dass er deren Einsatz in Königgrätz anstelle der veralteten Vorderlader befürwortet hätte. In seiner freimütigen Art wird er die verhängnisvolle Entscheidung der Armeeführung zumindest im kleinen Kreis kritisiert haben. Die Intrigen und die ablehnende Stimmung gegen Moriz gipfelten in seiner vorzeitigen Pensionierung, die dem 58-Jährigen während einer Inspektionsreise in Salzburg mitgeteilt wurde. Äußerer Anlass war ein Aufsatzmanuskript, in dem der nun vorwiegend mit militärschriftstellerischen Aufgaben betraute Moriz die Auflassung der großstädtischen Garnisonen zugunsten ländlicher Standorte befürwortete und in dem er die Notwendigkeit einer Truppenstationierung in Wien zum Schutz des Kaisers in sehr poetischen Worten verneinte (18). Sein schärfster Kritiker war der einflussreiche Generaladjutant des Kaisers, Friedrich Graf Beck Rzikowsky, der auch als treibende Kraft für Moriz' Entlassung aus dem aktiven Dienst gelten muss. Der Rang eines Feldmarschall Leutnants wurde Moriz anlässlich der Pensionierung ehrenhalber verliehen (19), so dass er nur die Ruhestandsbezüge eines General majors erhielt.
Während seiner Dienstreisen nach Deutschland hatte Moriz Ebner schon frühzeitig versucht, dort für Marie einen Verleger zu finden (20), noch bevor Maries langjährige Zusammenarbeit mit dem Verlag Paetel in Berlin zustandekam. Auch hätte Marie ihrem Mann sicherlich ihre Manuskripte nicht zur Durchsicht überlassen, wenn sie von seiner Seite eine grundsätzliche Ablehnung ihrer Arbeit zu befürchten gehabt hätte oder Moriz sein Urteil, das ihr durchaus wichtig war, verweigert hätte (21).
Als im April 1896 aus dem Lager des politischen Katholizismus gegen Marie Ebner-Eschenbach, die wie ihr Gatte Moriz nie einen Hehl aus ihrer kritischen Haltung gegenüber der Amtskirche

gemacht hatte, Angriffe gestartet wurden, in denen sie zusammen mit Berta von Suttner als Vertreterin eines „gottentfremdeten Culturweibertums" gebrandmarkt wurde (22), erkundigte sich Moriz rein vorsorglich für sie, ob ihre Werke bereits auf dem Index stünden (23).

Abb. 30 Berta von Suttner (1843–1914). Schriftstellerin und österreichische Friedensnobelpreisträgerin.

All dies deutet darauf hin, dass Moriz letztendlich den schriftstellerischen Ambitionen seiner Ehefrau wohlwollend gegenüberstand. Er wusste, dass ihr die klimatischen Bedingungen in St. Gilgen gesundheitlich guttaten, dass sie dort eine gewisse Ruhe für ihre Arbeit fand. Seine Anwesenheit wäre nur störend gewesen, nicht so sehr wegen seiner Person selbst, sondern weil die Gefahr zusätzlicher Störungen durch Besucher aus seinem Freundeskreis und aus der weitverzweigten Familie bestanden hätte. Selbst als Moriz wegen seines Augenleidens zunehmend auf fremde Hilfe angewiesen ist, die er in Zdislawitz im Kreis der Familie eher findet als in Wien, macht er Marie wegen ihrer langen Abwesenheit und des verlängerten Aufenthalts in St. Gilgen keine Vorwürfe (24). Am treffendsten drückt Moriz Ebner von Eschenbach jedoch das Verhältnis zu Marie und ihrer literarischen Arbeit in seinem 1883, also 15 Jahre vor seinem Tod, verfassten testamentarischen Abschiedsbrief aus, in dem er in der ihm eigenen Bescheidenheit schreibt: „Fördern konnte ich Dich nicht, ich muß mich mit dem Trost begnügen, Dich absichtlich nicht behindert zu haben." (25)

Abb. 31 Familiengruft der Familie Dubsky zu Zdislawitz. Entwurf Moriz von Ebner Eschenbach. Foto: Augustin Kloiber.

5. Marie von Ebner-Eschenbach und Josef Viktor von Scheffel

Bevor der Wolfgangsee als Bühnenkulisse für die Operette das „Weiße Rössl" in den 1920er Jahren Berühmtheit erlangte, erfreute sich das Wolfgangland unter Studenten, Akademikern, Bildungsbürgern und Künstlern, die Anhänger des Josef Viktor von Scheffel (1825-1886) waren, seit den 1870er Jahren bereits großer Beliebtheit.

Abb. 32 Josef Viktor von Scheffel (1828–1886), Stich nach einer Zeichnung von Eduard von Engerth, 1852. Museum für Literatur am Oberrhein Karlsruhe.

Der in Karlsruhe geborene Scheffel verzichtete nach dem Studium auf eine juristische Karriere und ging stattdessen seinen Neigungen nach: Er wanderte nach Frankreich, in die Schweiz und nach Italien, um wie die Renaissance-Gelehrten in geschichtsträchtigen Klöstern und Bibliotheken alte Handschriften aufzuspüren und seine Eindrücke zeichnerisch und schriftlich festzuhalten.

Abb. 33   Ansicht des Hohentwiel, Kohlezeichnung von Josef Viktor von Scheffel, 1854.
Museum für Literatur am Oberrhein Karlsruhe

In den 1840er Jahren erschien seine Sammlung von Studentenliedern „Gaudeamus", die ihn unter den deutschen Burschenschaften zum Idol werden ließ. Seinen Durchbruch erlebte Scheffel mit seinen historisierenden Versepen „Frau Aventiure" und „Der Trompeter von Säckingen" und vor allem mit seinem Roman „Ekkehard", dessen Handlung in die frühmittelalterliche Geschichte Schwabens verlegt wird und auf Belegen der St. Gallener Kloster-Chronik aus dem 10. Jahrhundert fußt.

Abb. 34   Hadwig und Ekkehard auf dem Hohenkrähen, Anton von Werner (1843–1915), um 1879.

Der Roman, der zahlreiche Auflagen erlebte (1), berichtet von der unerfüllten Liebe des Mönchs Ekkehard aus dem Kloster St. Gallen zur jungen verwitweten Schwabenherzogin Hadwig, die auf der Burg Hohentwiel herrscht (2).
Im Jahre 1860 wanderte Scheffel mit seinem Freund August Eisenbart von München in den Chiemgau und weiter über Salzburg ins Wolfgangland, um den Spuren des Regensburger Bischofs Wolfgang (gestorben 994 im oberösterreichischen Pupping) zu folgen.

Abb. 35   St. Wolfgang, farbige Postkarte, um 1920. Archiv der Stadt Salzburg, Nachlass Anton Breitner.

Der 972 zum Regensburger Bischof gewählte Wolfgang hatte sich vier Jahre nach seiner Wahl zwei Jahre lang in das dem Bistum Regensburg zugehörige Kloster Mondsee zurückgezogen, um einem Streit zwischen den baierischen Herzögen Heinrich II. (dem Zänker) und dessen Vetter Otto II. auszuweichen. Der Legende nach soll Wolfgang als Einsiedler am Falkenstein gehaust haben.
Scheffel verbrachte ein Jahr im Ort St. Wolfgang und schrieb die „Bergpsalmen", bei denen er mehrere Wolfgang-Legenden verarbeitete. Am Nebenhaus des Gasthofs Cortisenbräu (3) erinnert eine Tafel an Scheffels Aufenthalt, den Scheffelsaal im Hotel „Weißes Rössl" schmücken Wandbilder des Südtiroler Dekorationsmalers Ignaz Stolz d.Ä. (Tramin 1840 – 1907 Bozen), der die

Wo bist du gewandert, Falkenschlucht-Klausner!

Aus dem Scheffelsaal im weissen Rössl, St. Wolfgang am See.

Abb. 36
Postkarte mit Bergpsalmen-Illustration „Gletscherfahrt" aus dem Scheffel-Saal im „Weißen Rössl" in St. Wolfgang am See.
Archiv der Stadt Salzburg, Nachlass Anton Breitner.

Illustrationen des Anton von Werner (Frankfurt/Oder 1843 –1915 Berlin) zu den „Bergpsalmen" (4) originalgetreu ins Großformat übertragen hat. Die Popularität des Textdichters Scheffel und des mit diesem eng befreundeten preußischen Hofmalers Anton von Werner von ihm stammt das Gemälde von der Proklamation des deutschen Kaiserreiches im Spiegelsaal von Versailles garantierten den Verkaufserfolg des handlichen Büchleins, das in den 1870er und 1880er Jahren den zum Wolfgangsee wandernden oder fahrenden Scheffel-Jüngern als Reiseführer diente.

Abb. 37   Bergpsalmen–Illustration „Sonnenschein",
sign. u. dat.: A(nton)v(on)W(erner), 1868.
Archiv der Stadt Salzburg, Nachlass Anton Breitner.

In den Gemeinden St. Gilgen und St. Wolfgang formierte sich eine Initiative, die dem gesteigerten Interesse der Gäste an Scheffel Rechnung tragen wollte. Zwei Jahre nach Scheffels Tod wurde 1888 gemeinsam mit dem Deutsch-Oesterreichischen Alpenverein ein Scheffel-Steig auf den Falkenstein angelegt, auf dem Weg dorthin ein Gedenkstein gesetzt und an der Falkensteinwand eine mehrere Meter hohe Inschrift zur Erinnerung an den Dichter der „Bergpsalmen" angebracht.

Kaiserin Elisabeth und ihre Lieblingstochter Marie Valerie kamen bereits zwei Monate vor der Eröffnung der Scheffel-Denkmäler nach Fürberg und stiegen über den Scheffel-Steig zum Falkenstein auf (5). Der Schriftsteller Anton Breitner gründete 1889 noch vor dem deutschen Pendant den Österreichischen Scheffelbund in Mattsee und Wien.

Abb. 38
Erzherzogin Marie Valerie (1868–1924), Patronin des österreichischen Scheffelbundes.

Schirmherrin wurde Erzherzogin Marie Valerie, eine begeisterte Anhängerin Scheffels, die für den Meister ein Gedicht („Dank an Scheffel") verfasst hatte.

In seiner Villa in Mattsee errichtete Breitner ein Scheffel-Museum, das bis zum Ersten Weltkrieg auch von nicht deutschsprachigen Touristen viel besucht wurde (6).

Abb. 39   Anton Breitner (1858–1928) im Scheffel-Museum in seiner Mattseer Villa. Aquarellierte Federzeichnung von Hermann Bergmeister, undat., Privatbesitz.

Marie von Ebner-Eschenbach kannte und schätzte die Werke des schwäbischen Dichters, wobei der „Ekkehard" sie besonders begeisterte: „Ich lese mit Bewunderung den Ekkehard von Scheffel wieder. Ein solches Buch konnte eine Frau nicht schreiben, es ist ein durchaus männliches Buch. Die gründlichen Studien zuerst, dann die genaue Kenntnis der Landschaft, die man nur auf langen, einsamen Wanderungen erwirbt, endlich die reiche Erfindungsgabe …" (7). Sie fühlt sich sehr geehrt, als Karl Emil Franzos in den ersten Nummern seiner neu gegründeten Zeitschrift „Die deutsche Dichtung" nach Scheffels Tod eine epische Dichtung aus dessen Nachlass, ein Drama von Paul Heyse und den Anfang einer ihrer Novellen veröffentlichen will (8). Karl Emil Franzos stattet ihr später in St. Gilgen einen Besuch ab (9).

Abb. 40 Karl Emil Franzos (1848–1904),
Herausgeber der Zeitschrift „Die deutsche Dichtung".

In ihrem ersten Jahr in St. Gilgen nützt sie einen schönen Nachmittag und fährt mit dem Dampfschiff nach Fürberg, um das Scheffel-Denkmal zu besichtigen (10). Die Entstehung des Scheffelgemäldes, das der Bühnendekorationsmaler der Wiener Hoftheater Johann Kautsky (Sohn) für das am 5. August 1891 in St. Wolfgang vom Scheffelbund veranstaltete Sommerfest gemalt hatte (11), wird sie bei Besuchen in der Villa Kautsky in St. Gilgen mitverfolgt haben. 1893 wird sie von der Hauptversammlung des österreichischen Scheffelbundes zum Ehrenmitglied ernannt (12). Man bittet die Autorin fünf Jahre später um ein Autograph, dessen Übersendung sie dem Vorstandsmitglied Gerhard Ramberg in einem Brief ankündigt und das sie am nächsten Tag mit einer Visitenkarte aus St. Gilgen an ihn abschickt (13).

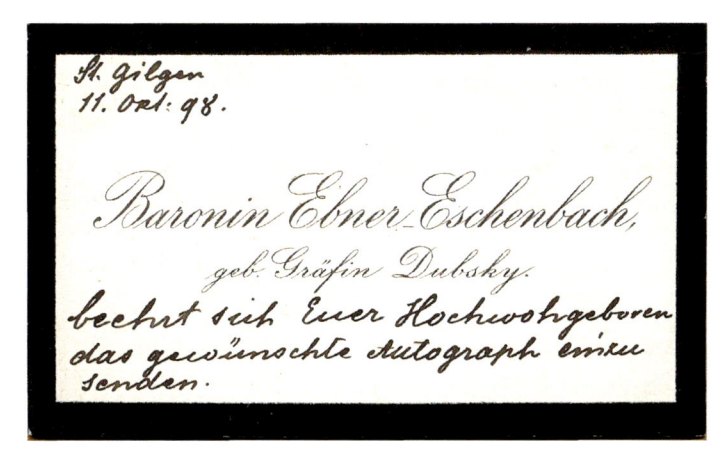

> St. Gilgen
> 11. Oct. 98.
>
> Baronin Ebner-Eschenbach,
> geb. Gräfin Dubsky.
> beehrt sich Euer Hochwohlgeboren
> das gewünschte Autograph ehest
> senden.

Abb. 41 Visitenkarte mit handschriftlicher Mitteilung, datiert: 11. Oct(ober) (18)98. Archiv der Stadt Salzburg, Nachlass Anton Breitner.

Wie tief die Assoziationen von Wolfgangsee mit Scheffel-Land im Bewusstsein der Wiener Saisonbewohner St. Gilgens verankert sind, beweist Theodor Billroth, der einen Wetterumschwung mit Kälte und Schneefall bis in mittlere Lagen in einem Brief vom 2. September 1890 an den Wiener Arzt Carl Bettelheim auf folgende Weise beschreibt: „Es tobt hier fürchterlich in der Natur, und Scheffels Bergpsalmen widerhallen von den Felsen."(14)

6. Beziehungen zum Kaiserhaus – das Elisabeth-Denkmal in Salzburg

Marie von Ebner-Eschenbachs Erzählungen wurden in den 1880er Jahren durch den Vorabdruck in deutschen Familienblättern wie „Die Gartenlaube", „Vom Fels zum Meer" oder „Westermanns Illustrierte Monatshefte" in einer breiteren (klein-)bürgerlichen Leserschicht populär. Auch unter Adeligen, die sich ernsthaft mit den in ihren Werken behandelten Themen – die Stellung der Frau, das Verhältnis zwischen Frau und Mann, das gesellschaftliche und soziale Außenseitertum, die sozialen Gegensätze, die starren Moralvorstellungen in den oberen und unteren Klassen oder die Vorurteile gegen religiöse und nationale Minderheiten – auseinandersetzen wollten, erhöhte sich die Zahl der Leser.

Der Präsident des Presseclubs „Concordia" in Wien, der Liberale Josef Ritter von Weilen, Marie Ebners Mentor in ihrem Selbststudium der deutschen Literaturgeschichte in der Klosterbrucker Zeit, war ihr Mittelsmann zu Kronprinz Rudolf von Österreich, der wahrscheinlich durch Weilen Marie Ebners Werke kennengelernt hatte. Josef W. Weil, Ritter von Weilen, war auch führendes Mitglied im Wiener Redaktionsstab der von Kronprinz Rudolf initiierten und bis zu seinem Tod geleiteten Pracht-Enzyklopädie „Die Österreichisch-Ungarische Monarchie in Wort und Bild" (1), ein zwischen 1884 und 1902 im Geist des Liberalismus geschaffenes Gesamtkunstwerk in vierundzwanzig Bänden, das unter dem Namen „Kronprinzenwerk" (2) Buchgeschichte machte. Weilen war es auch, der Kronprinzessin Stephanie Marie Ebners Erzählungen schickte (3) und im Auftrag von Marie Ebner-Eschenbach das Kronprinzenpaar um eine Unterschrift für ein Betty-Paoli-Album zu deren 70. Geburtstag bat (4).

Abb. 42 Kronprinzessin Stephanie, Leserin von Marie Ebners Erzählungen.

Abb. 43 Kronprinz Rudolf, Gemälde v. Friedrich v. Thelen-Rüden, (geb. 1836), 1895. Rudolf kannt Marie Ebners Werke durch Josef Ritter von Weilen.

Ein zweites Mitglied der kaiserlichen Familie, das sich für die öffentliche Anerkennung von Marie Ebner-Eschenbach einsetzte und ihr die Wege zum Österreichischen Ehrenzeichen für Kunst und Wissenschaft ebnete, war der in Salzburg auf Schloss Klesheim residierende Erzherzog Ludwig Viktor (geb. 15.5.1842 in Wien, gest. 18.1.1919 in Schloss Klesheim).
Seine Verehrung für Marie Ebner-Eschenbach beruhte in erster Linie auf dem Umstand, dass sie die Frau seines geschätzten Lehrers Moriz von Ebner-Eschenbach war, dem er lebenslang in Anhänglichkeit verbunden blieb. Moriz Ebner hatte den fünfzehnjährigen Ludwig Viktor zwei Jahre lang in naturwissenschaftlichen Fächern unterrichtet (5). Die Dankbarkeit, die der jüngste Bruder von Kaiser Franz Josef I. seinem Lehrer gegenüber bewies, ist auf die Ausstrahlungskraft und das pädagogische Geschick Moriz Ebners zurückzuführen, der den mäßig begabten und naturwissenschaft-

lich desinteressierten Ludwig Viktor elegant durch eine vor seinen Eltern abgehaltene Prüfung zu führen wusste („Alles ging vortrefflich, als alter Practicus verwandelte ich die Prüfung in eine anregende Causerie, der Erzherzog nickte, die Erzherzogin strickte ...") (6).

Abb. 44   Erzherzog Ludwig Viktor (Wien 1842–1919 Salzburg) als Fünfzehnjähriger, Moriz Ebner war sein naturwissenschaftlicher Lehrer

Anfang der 1890er Jahre verschlimmerte sich Moriz Ebners Augenleiden. Das veranlasste Ludwig Viktor, Kontakt zum Ehepaar Ebner-

Eschenbach aufzunehmen. Er schickte Marie Ebner ein Veilchen-Bouquet (7) und wechselte mit ihr ein paar freundliche Worte in einer Ausstellung, auf der sie sich zufällig trafen (8). Als Moriz Ebner sich vier Jahre später einer schweren Augenoperation unterziehen musste, erschien der Erzherzog acht Tage vor dem Operationstermin um die Mittagszeit unangemeldet in der Wohnung des Paares (9) zu einem Besuch. Bei dieser Gelegenheit dürfte auch das literarische Werk der Dame des Hauses Gesprächsgegenstand gewesen sein, da Marie Ebner-Eschenbach nach zwei Tagen ihre Erzählung „Rittmeister Brand" an Ludwig Viktor sandte (10).

Als Moriz Ebner-Eschenbach am 28. Januar 1898 verstarb, brachte Ludwig Viktor selbst einen Kranz mit der Inschrift „Erzherzog Ludwig Viktor, der dankbare Schüler" in die ebnersche Wohnung, in der der Verstorbene vor seiner Überführung nach Zdislawitz aufgebahrt worden war (11). Nach der Ermordung Kaiserin Elisabeths in Genf am 10. September 1898 kondolierte Marie Ebner aus St. Gilgen Ludwig Viktor zum Tod seiner Schwägerin (12), bevor sie Mitte Oktober von St. Gilgen aus zu einer Reise nach Rom aufbrach, wo sie zusammen mit Ida Fleischl den Winter verbrachte und erst im Frühling 1899 nach Wien zurückkehrte.
Anfang Dezember telegraphierte ihr ältester Bruder Adolf nach Rom, dass sie das Ehrenzeichen für Kunst und Wissenschaft erhalten habe (13). Trotz des distanzierten Verhältnisses von Kaiser Franz Josef zu seinem Bruder Ludwig Viktor wegen dessen homoerotischer Neigungen – er hatte diesem deswegen Salzburg als Wohnsitz zugewiesen (14) – ist mit Sicherheit davon auszugehen, dass Ludwig Viktor für Marie Ebner-Eschenbach im Hintergrund agiert hat. Drei Monate nachdem ihr der Kaiser das Ehrenzeichen in einer Audienz überreicht hatte (15), teilte ihr Ludwig Viktor mit, der Kaiser wünsche, dass sie die Widmung für ein in Salzburg geplantes Elisabeth-Denkmal verfasse. Marie Ebner entwarf umgehend drei Texte – zwei in Prosa, einen in Versform – die sie am selben Tag an Ludwig Viktor übersandte (16).

Abb. 45 Kaiser Franz Josef I. (1830–1916),
Gemälde von Wilhelm List (1864–1918), um 1900.
Postsparkasse Wien, erbaut von Otto Wagner.

Bereits nach vier Tagen konnte ihr der Erzherzog melden, dass „seine Majestät die Verse gewählt hat und mir ganz entzückt darüber schrieb" (17). Auch hier ist davon auszugehen, dass Ludwig Viktor den Namen der Witwe seines verehrten Lehrers als Verfasserin für den Widmungstext ins Gespräch brachte.

Am Morgen des 15. Juli 1898 hatte Kaiserin Elisabeth Ischl mit der Bahn verlassen und war um die Mittagszeit in Salzburg eingetroffen, um von dort aus eine längere Auslandsreise anzutreten. Die letzte Stunde ihres Lebens auf österreichischem Boden hatte sie also in den zwischen dem Ischler Bahnhof und dem Hotel de l'Europe gelegenen Parkanlagen verbracht. Dies war der Ausgangspunkt

der Überlegungen einer Salzburger Proponentengruppe (18), die ein Kaiserin-Elisabeth-Denkmal errichten wollte. Diesem im Herbst 1898 gebildeten „Denkmal-Komité", dem namhafte Vertreter der Salzburger Landes- und Stadtpolitik, der Geistlichkeit, der Wirtschaft (so der Besitzer des „Hotel de l'Europe" Georg Jung) und Angehörige des Kulturlebens angehörten wie der Kustos der Studienbibliothek Richard von Strele Bärwangen, der Hofbuchhändler Hermann Kerber oder der Redakteur des „Salzburger Volksblatts" Rudolf Freisauff v. Neudegg, stand Erzherzog Ludwig Viktor als Protektor vor (19). Als Marie von Ebner-Eschenbach die Verse schrieb, die den Sockel des gegenwärtig im Garten des Schlosses Hellbrunn aufgestellten Elisabeth-Denkmals zieren, wird sie sich erinnert haben, dass sie selbst in St. Gilgen zur Sommerfrische weilte, als die Kaiserin auf ihrer letzten Fahrt den Ort passierte.
Der Spruch am Sockel des am 15. Juli 1901 um 11 Uhr vormittags von Kaiser Franz Josef enthüllten Denkmals lautet:

> Dein Österreich, Du hast es hier betreten
> Als Kaiserbraut in holder Majestät,
> Und alle Herzen flogen Dir entgegen,
> Ihr Jubelgruss war Segen, war Gebet.
>
> Dein Österreich, Du hast es hier betreten
> Im Scheiden auch, geliebte Majestät.
> Und wieder folgt Dir nach des Volkes Segen
> Und seine Thränen werden zum Gebet.

Das „Denkmal-Komité" hatte ursprünglich ins Auge gefasst, einen Obelisken mit dem Bild Elisabeths in Auftrag zu geben. Der Schöpfer der Statue, der Rektor der Wiener Kunstakademie Edmund Hellmer, konnte die Honoratioren jedoch überzeugen, dass eine Statue aus Marmor in Lebensgröße, die er nach einer Photographie von Elisabeth angefertigt hatte, die Kaiserin den Nachgeborenen wesentlich lebendiger erscheinen lassen würde als ein Obelisk (20).

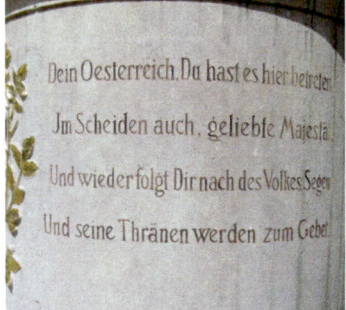

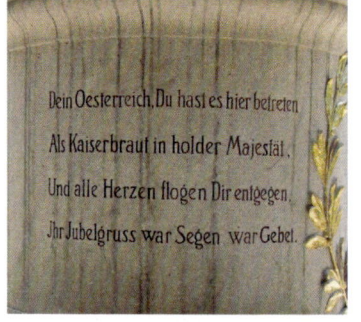

Abb. 46 Kaiserin-Elisabeth-Denkmal, Statue von Edmund Hellmer (1850–1935). Heutiger Standort Schlosspark Hellbrunn, Salzburg.

Abb. 47 und 48 Seitenflanken des Denkmalsockels, Text von Marie Ebner-Eschenbach

Die Salzburger Presse berichtete sehr ausführlich über die „Kaisertage" und die Denkmalenthüllung. So erlebten die Teilnehmer an der Huldigungsfahrt der Wiener Bürger zur Enthüllung des Kaiserin-Denkmals in Salzburg eine Panne: Der Kranz, den sie mitnehmen wollten, war so groß, dass er nicht durch die Waggon-Türen des Sonderzuges ging, und im Gepäckwagen eines planmäßigen Zuges dem Sonderzug nachfahren musste (21). Man vermisst allerdings Informationen zur Verfasserin des Widmungsspruchs und vor allem den Text selbst (22). Richard von Strele Bärwangen beherrschte als „Platzhirsch" mit seinen Dialekt-Texten den festlichen Rahmen und stach die „Saison-Salzburgerin" Marie Ebner-Eschenbach aus. Ein aufmunterndes Lob zu den Versen des Elisabeth-Denkmals kam von den Brunnwinkler Freunden (23), die es auch nicht verabsäumten, sie zur Verleihung des Elisabeth-Ordens I. Klasse – des letzten in der österreichisch-ungarischen Monarchie vom Kaiserhaus gestifteten Ordens – am 4. September 1910 zu beglückwünschen (24).

Wie dargestellt wurde, war es nicht die fesselnde Lektüre der Werke Marie Ebners, die Kaiser Franz Josef I. bewegte, ihr die höchsten Auszeichnungen zu verleihen. Was er von schreibenden Frauen an sich hielt, tat er unverblümt in einem Ausspruch kund, dessen Wortwahl mit jener des Vaters der „Komtesse Paula" in Bezug auf das weibliche Bildungsstreben fast genau übereinstimmt: Als er erfuhr, dass eine Hofdame in ihren freien Stunden Kindergeschichten schrieb, meinte er, dass das schrecklich und eine „Calamität" sei (25). Die ablehnende Haltung des deutschen Kaisers gegen die österreichische Schriftstellerin war weniger auf ihr Geschlecht als auf ihren Status als „Ausländerin" zurückzuführen. Für das Jahr 1891 hatte man Marie Ebner-Eschenbach und Conrad Ferdinand Meyer für den Schillerpreis vorgeschlagen. Wegen der ausländischen Staatsangehörigkeit beider Kandidaten wollte Wilhelm II. den Preis nicht vergeben (26).

Zwei Jahrzehnte später hatte sich die Situation zugunsten Marie Ebners geändert. Sie wurde nun zur Mitarbeit in einer amtlichen preußischen Staatszeitung eingeladen, die unter dem Protektorat der Kaiserin Viktoria Auguste stand. Diese Zeitung mit dem Titel „Unser Weg" hatte zwei Zielsetzungen: Aufklärung über Gesundheitsfragen unter den Fabrikarbeiterinnen zu betreiben und ihnen eine gehobenere literarische Unterhaltung als in der „Gartenlaube" zu bieten (27).

Bereits im Jahre 1890 hatte der Parteiführer der österreichischen Sozialdemokraten, Viktor Adler, Marie Ebner in ihrer Wiener Wohnung aufgesucht, um sie als Beiträgerin für die „Arbeiterzeitung" zu gewinnen (28). Sie hatte Adlers Bitte mit dem Hinweis abgelehnt, dass ihr Berliner Verleger Paetel dies nicht wünsche (29). Es ist bekannt, wie gespalten Marie Ebners Verhältnis zu den Sozialdemokraten war: Mit den Liberalen sympathisierend, lehnte sie die Kampfformen der Arbeiterschaft wie Massendemonstrationen und Streiks ab, verfolgte aber andererseits als Abonnentin der „Arbeiterzeitung" die politische Entwicklung sehr genau und vermerkte in ihrem Tagebuch einmal, dass eine Nummer konfisziert worden war. Das Nein Paetels war für Marie Ebner sicherlich ein willkommener Anlass, der Mitarbeit an der „Arbeiterzeitung" zu entgehen, da Beiträge in einer offiziösen preußischen Zeitung die Zahl der verkauften Werke förderten, während die Verkaufszahlen im Falle einer Mitarbeit Marie Ebners an der „Arbeiterzeitung" rückläufig gewesen wären.

7. Der Blick auf St. Gilgen und seine Bewohner

Die Hauptstrecke der Anreise zu ihrem Sommerfrischeort verlief für Marie Ebner-Eschenbach in den zehn Jahren gleich: Sie traf sich am Westbahnhof mit ihrem Bruder Adolf Graf Dubsky, ihrem Reisebegleiter nach und von St. Gilgen. Meist leisteten Freunde oder Bekannte von Marie den Geschwistern ein Wegstück lang Gesellschaft im „Extra-Zug". Vom Bahnknotenpunkt Attnang-Puchheim ging es weiter nach Bad Ischl.
Bis zur Inbetriebnahme der Salzkammergut-Lokalbahn 1893 gestaltete sich das letzte Stück Weges abwechslungsreich und konfrontierte die Reisenden mit unliebsamen Überraschungen: Im ersten Jahr wurden sie von der „Equipage des Bürger- und Postmeisters Ramsauer" von Ischl abgeholt, mit der sie nach St. Gilgen „schlichen" (1).

Abb. 49   Jakob Ramsauer (1834–1899), Gastwirt und Postmeister. Archiv für Ortsgeschichte St. Gilgen.

Im dritten Jahr wartete am Bahnhof in Ischl der Frieselbauer, der sie in einem Fiaker und ihre Koffer „in einem elenden Karren" nach St. Gilgen befördern wollte. „Seine Grobheit, als Adolph ihn wegen des Karrens zur Rede stellte, war grenzenlos", so dass der Bruder einen Fiaker mietete, mit dem sie nach Strobl fuhren. Als die Koffer bereits auf dem Dampfschiff waren, erfuhren sie, dass es nur bis St. Wolfgang fahren würde. Die Koffer mussten vom Schiff geholt und wieder in den gemieteten Fiaker geladen werden, der sie in einer raschen Fahrt nach St. Gilgen brachte (2). Von 1893 an war der letzte Teil der Reise bequemer und schöner: Marie Ebner-Eschenbach fährt von Ischl mit der Bahn bis Strobl und kann sich auf dem Dampfschiff bereits auf den Aufenthalt in St. Gilgen einstimmen (3). 1889 war die neu angekommene Sommerfrischlerin sehr angetan von den Naturschönheiten des Sees und der Berge. Von ihrer Unterkunft, dem Seehaus, war sie es weniger. Sie lobte die grandiose Aussicht (4), verdammte aber die Einrichtung in ihrer Wohnung, die sie folgendermaßen beschrieb:

> *„Meine Wohnung in S(an)kt Gilgen. Erstes Zimmer: längliches Viereck, vier Fenster, drei Türen, von denen eine eine Balkontür ist. Zwei Betten, nicht zum Gebrauch, nur zur Zierde und zwei Waschtische und ein porcellaner Spucknapf auf vier Füßen haben denselben Zweck. Eines der Betten verstellt das Fenster in der linken, ein Schubladenschrank das Fenster in der rechten Ecke. Die Sitzmeubel, zwei Fauteuils, vier Sessel haben auch einen Grund da zu sein! Sie wollen einem das Sitzen abgewöhnen."* (5)

Abb. 50
Ansicht
Seehotel Ramsauer.
Archiv für Ortsgeschichte
St. Gilgen.

Da die Preise im Seehaus höher sind als „bei Sacher"(6) übersiedelt sie nach etwa sechs Wochen in „ein kleines Haus"(7) und bezog für die verbleibenden zwei Wochen des ersten Gilgener Sommers Quartier „in einem richtigen Bauernhaus ... N(r.) 44" (heute: Goldgasse 3). Das Haus wurde von einer zehnköpfigen Familie Hillebrand bewohnt: von einem Maurer, von dessen Frau, die „nur von Kaffee lebt und aussieht wie ein Topfenkuchen", sowie den acht der insgesamt fünfzehn Kinder, welche die frühe Kindheit überlebt hatten. Der Mann verdiente im Sommer 1 Gulden 25 Kreuzer täglich, im Winter gar nichts (8). Wenn man seinen Tageslohn mit den Seehaus-Preisen vergleicht – der halbe Liter Milch kostete 20 Kreuzer und entsprach also etwa einem Fünftel des Tageslohnes eines örtlichen Handwerkers – erscheint Marie Ebners Vergleich des Seehauses mit einer „Räuberhöhle" gerechtfertigt (9).
Da drei Tagebuch-Jahrgänge (1892, 1894 und 1895) fehlen, ist es nicht möglich, alle Häuser, in denen Marie Ebner-Eschenbach in den zehn Jahren in St. Gilgen gewohnt hat, lückenlos nachzuweisen. 1890 war wieder Marie Ramsauer ihre Vermieterin (10). Da diese ihr am 9. März 1891 eine Preiserhöhung ankündigt (11), entscheidet sie sich, im Sommer 1891 im Streicherhaus (heute: Salzburger Straße 9) zu wohnen (12).
Diese Unterkunft behagt ihr, weil sie vom Schreibtisch aus „die Aussicht auf das herrliche Zwölferhorn" genießen kann (13). Im Sommer 1893 zieht sie ins Pochlin-Haus (heute: Ischler Straße 4), in das Haus, in dem auch die Familie Fleischl-Marxow wohnt (14). Die letzten fünf Sommer verbringt Marie Ebner-Eschenbach in der Villa der Marie Kotzian (heute: Ischler Straße 2) (15).

Wegen ihrer Spendenfreudigkeit ist Marie Ebner-Eschenbach als Wohltäterin für die Gemeinde und für die Armen in St. Gilgen noch in lebendiger Erinnerung. Im Jahre 1893 wurde in St. Gilgen der Bau einer neuen Schule in Angriff genommen, für die unter den Sommergästen eine Sammlung veranstaltet wurde. Marie Ebner-Eschenbach spendete Geld und Bücher für die Schule (16).

Auch die Feuerwehr wurde mit einer kleinen Spende bedacht (17). Am meisten spendete die Baronin für die im Kloster (später: Altersheim, Ischler Straße 3) lebenden Armen des Dorfes, die ihre unmittelbaren Nachbarn waren. Sie übergab den Klosterschwestern jedes Jahr sechs bis acht Gulden für den Kauf von Kaffee und Zucker, die den Insassen zugute kommen sollten, schickte ihnen Wein um den Preis von fünf Gulden und stiftete für das Armenhaus einen Kleiderkasten für vierzehn und Jalousien im Wert von zwanzig Gulden (18).

Sie lud die Armen vor ihrem Geburtstag am 13. September zu einer Jause ein und verschenkte kleinere Geldbeträge an Arme, die sie zufällig traf, wie die „alte Rosel", die zwei Gulden erhielt (19). Daneben beteiligte sie sich an Sammlungen für die Armen, an der Armenlotterie und an Wohltätigkeitsveranstaltungen mit Beträgen zwischen zehn und fünfzehn Gulden (20). Die Kleidung der armen Kinder in St. Gilgen war ihr ein spezielles Anliegen: Obwohl sie im ersten St. Gilgener Jahr nur zwei Wochen im Hause des Maurers Hillebrand verbrachte, kaufte sie für dessen acht Töchter Kleider zum Preise eines Wochenarbeitslohns des Vaters (21). Die überlieferten Abrechnungen weisen für jedes Jahr eine Kleidergabe an Arme im Wert zwischen fünf bis acht Gulden auf.

Die Gesamtausgaben für mildtätige Zwecke beliefen sich im ersten Jahr in St. Gilgen auf etwa fünfzig Gulden. Dieser Betrag machte ungefähr ein Fünftel der monatlichen Pension ihres Mannes Moriz aus. Diese Großzügigkeit war nur möglich, weil sie zeitweise über beachtliche Summen verfügte, die ihr von deutschen Verlagen nach St. Gilgen überwiesen wurden.

Abb. 51 Marie Ebner-Eschenbach im Gespräch mit einem Buben aus St. Gilgen, im Vordergrund rechts eine Begleiterin – vermutlich Angela – mit Sonnenschirm. Archiv für Ortsgeschichte St. Gilgen.

Bei der Auswahl der Beschenkten ließ sie sich von Kriterien wie den Augen oder dem Gesicht der Person leiten, was an die Physiognomie-Lehre des Johann Kaspar Lavater erinnert, wonach sich der Charakter einer Person auch in ihrer äußeren Erscheinung ausdrückt:

> *„Bei Feitzinger einen etwa sieben Jahre alten Burschen getroffen, der zerlumpt und barfüßig war und an einer langen Stange ein Bündelchen trug. Das Kind hatte wunderschöne braune, schrecklich traurige Augen und ein sanftes hübsches Gesicht, das sich ein wenig erhellte, als ich mich mit einigen Stücken Marzipan einfand. Wir gingen dann zusammen zu Windhager (dem Krämer und Schneider – Anm. der Verf.) u(nd) bestellten einen Anzug. Das war ihm recht u(nd) als Zeichen der Zustimmung nahm er plötzlich seinen Hut ab." (22)*

Ihre Beobachtungen der Einheimischen entwirft sie wie Skizzen zur Personen-Charakterisierung in ihren Werken:

> *„Hochzeit im Gasthause nebenan. Die Braut, eine junge Witwe, sehr ernst, der Bräutigam, ein hübscher großer Bursch mit blondem Schnurrbart, das Urbild der Gleichgültigkeit. Sie heiratet nur gezwungen wieder, aber sie muss, weil sie eine große Wirtschaft und vier kleine Geschwister hat, an denen sie Mutterstelle vertritt, und das Haus einen Herrn braucht." (23)*

Die an Nestroy erinnernden „Liebesgeschichten und Heiratssachen" von Gilgner Wirtsleuten scheint für die Autorin von speziellem Interesse zu sein:

> *„Die Schwiegertochter der alten Wirtin (vom Gasthaus in Lueg Anm. der Verf.) erzählte, dass diese einen Wirt in Mondsee geheiratet, ihm ihr ganzes Vermögen verschrieben hat. Er ist reich, 77 Jahre, hat schon drei Frauen erschlagen und beschäftigt sich jetzt damit die vierte ins Grab zu befördern. Sein Herz gehört seiner jungen Ziehtochter. Modern." (24)*

Marie Ebner-Eschenbach unterhält sich mit den „einfachen Leuten" wie dem Wegmacher („der gilt in seiner Welt gewiss für einen gescheiten Mann, weil er für alles, was er tut, einen Grund angibt"), fragt den „alten Wastl im Armenhaus" nach dem Wetter oder führt lange Gespräche mit ihrer ersten Vermieterin Marie Ramsauer (25).

In ihrem dritten Gilgner Sommer ist sie bereits in die lokale Szene des Ortes so weit eingebunden, dass sie zu Hochzeiten eingeladen wird und ihre Studien von (Ehe-)Paaren direkt vor Ort anstellen kann, so bei der Hochzeit des Gastwirtsohns Feitzinger:

> *„Ein fröhlicher Bräutigam, ein splendider, weiß behandschuhter Brautvater, eine blasse fein aussehende Braut. Zwei Kinder sind bereits da, ein dreijähriges Mädchen fungiert als Kranzeljungfer. ... Der blinde Weber hielt die Ansprache, die ernst begann u(nd) mit Späßen endete. Ein Korporal und der Küster u(nd) ein hemdärmeliger Tänzer unvergesslich." (26)*

Besondere Freude bereitet ihr eine Einladung zu der an einem Montag gefeierten goldenen Hochzeit „der alten Windhager, der bravsten Leute von St. Gilgen." Bei der nachmittäglichen Jause mit Tanz erfreut sie „der hübschen Gesang zur Zither". Herrn Feitzinger Seniors Kleidung missfällt ihr dieses Mal, da er „bei Tisch mit dem Hut auf dem Kopf" sitzt (27).

Abb. 52   Andreas Feitzinger (1829–1915), Gastwirt und Bürgermeister.

Bestimmte Feste im St. Gilgner Jahreskreis wie die Fronleichnamsprozession, auf der von vier Uhr morgens an „geschossen und getrommelt" wird sowie der Kirtag Anfang August stören die Arbeitsruhe der Autorin („Musik im Wirtshaus, Ringelspiel bis tief in die Nacht bei Trompeten und Paukenschlag.") (28). Eine weitere Lustbarkeit, die auch die Pfarrerköchin missbilligt, ist der an einem Sonntag veranstaltete „Burschenball", weil – die Sitte des „blauen Montags" ist noch lebendig – auch in den zwei folgenden Tagen „niemand" arbeitet, „man aber auf Schritt und Tritt Betrunkenen" begegnet. Die Auswüchse dieses Balls seien schuld an einem Dauerregen, der die Ernte zu vernichten drohe. Nach zwei Tagen kehrt wieder Ruhe ein und das Wetter bessert sich, da „die Sonntagsräusche anfingen zu verdunsten" (29).

Die Bekanntheit St. Gilgens als Fremdenverkehrsort lockt während der Sommermonate auch Schausteller und Akrobaten an. Dem Publikum werden in einem „Pimperltheater" missgebildete lebende und tote Tiere vorgeführt, so ein Kalb mit zwei Köpfen und ein Schwein mit fünf Füßen (30). Auch am Kirtag werden sensationsheischende Vorführungen angepriesen wie „das größte Ungeheuer des Eismeeres", das sich als lebender Seehund mit treuherzigen Augen entpuppt (31).

Marie Ebners Blick auf die Gilgner ist trotz ihrer positiven Grundeinstellung durchaus kritisch, selbst die Armen sind davon nicht ausgenommen. Sie vermag genau zu erkennen, wann eine liebenswürdige Gesichtsmiene berechnend eingesetzt wird: „Markt in St. Gilgen. Jedes Anlächeln, das die Alten einem gönnen, hat einen habgierigen Beigeschmack, jeder Händedruck der Kinder etwas Klebriges. ...".(32) Schockierend findet sie die Tatsache, dass ein Schuster „den großen, schönen, lieben Hund" in ihrem Hause gekauft hat, „um ihn schlachten zu lassen und zu fressen, Kannibalen dieses Volk." (33)

Besonders widert sie eine nach außen hin vorgetäuschte, aber im Innern der einzelnen Person nicht vorhandene und von dieser nicht gelebte Religiosität an:

„ ... Von den S(an)kt Gilgnern darf man nicht sagen, dass sie durch übertriebene Frömmigkeit von den Freuden des Lebens abgelenkt werden. Ihre Bigotterie verträgt sich vortrefflich mit Liederlichkeit." (34)

Wegen ihrer liberalen Gesinnung beobachtet sie die Repräsentanten der römisch-katholischen Kirche – so auch jene in St. Gilgen – mit besonderem Argwohn. Sie besucht hin und wieder die Messe (35) und verurteilt in harschen Worten, dass die Vertreter der Klerikal-Konservativen in Gilgen („die Schwarzen") das in Wohltätigkeitsveranstaltungen gesammelte Geld für die Armen diesen vorenthielten und anderen Zwecken zuführen wollten:

„Die Armen beklagen sich, dass sie von all dem Geld, das bei der Tombola und bei dem Konzert eingegangen ist, nicht einen Heller gesehen haben, und Pochlin, der Armenvater, schimpft über 'die Schwarzen'." (36)

Abb. 53   Josef Pochlin (1844–1927), Tischlermeister und Bürgermeister.

Abb. 54   Grabdenkmal des Johann Kautsky (Vater) (Prag 1827–1896 St. Gilgen). Zeichnung von Leopold Ziller, undatiert.

Marie Ebner-Eschenbach wollte die distanzierte Haltung von zwei Pfarrern, die während ihrer Aufenthalte im Amte waren – Franz de

Paula Thanner bis 1896, danach Franz Kostenzer – zu zwei jüdischen Sommergästen, die in St. Gilgen starben, nicht akzeptieren und vermutete darin verdeckten Antisemitismus. Als der in Europa und Amerika bekannte Bühnendekorationsmaler und Villenbesitzer in St. Gilgen Johann Kautsky (Vater) am 2. September 1896 stirbt, bedauert sie die Abwesenheit des Pfarrers beim Begräbnis am Nachmittag des 4. September 1896 auf dem St. Gilgner Friedhof, das allein durch die Darbietungen des Chors, durch die acht den Sarg tragenden Gilgner Bürger mit Fackeln und durch die Blumenspenden der Wiener Künstlergenossenschaft einen feierlichen Charakter erhielt (37).

Nach dem Tod von Idas Ehemann Karl Fleischl am 13. Juni 1893 würdigt sie die Anteilnahme der Gilgner Bevölkerung – auch die der Klosterfrauen – für die Hinterbliebenen, vermisst aber den Zuspruch des Pfarrers (38). Marie Ebner hat viele jüdische Freunde und Bekannte. Sie lehnt die christlich-soziale Partei wegen ihres Antisemitismus ab und entwickelt Hassgefühle gegen den Parteiführer und Wiener Bürgermeister Karl Lueger wegen seiner Hetze (39) gegen die Bewohner der Leopoldstadt. Die Wähler Luegers, Greißler und Kleingewerbetreibende, verschaffen der christlich-sozialen Partei eine Massenbasis, so dass sie in der politischen Landschaft fest verankert ist. Mitte Mai 1899 – drei Wochen vor Idas Tod – möchte sie aus Wien in das vom Antisemitismus noch nicht durchsetzte St. Gilgen fliehen („Nur fort aus Wien! Nur fort aus dieser von der antisemitischen Krätze ergriffenen Stadt ... In St. Gilgen werden wir wieder zu uns kommen ...") (40). Aber auch hier existieren bereits Anzeichen eines religiös-motivierten Antisemitismus unter der Landbevölkerung, die an den von Juden an christlichen Kindern begangenen Ritualmord fest glaubt, wie ihr schon früher von der Freundin Louise Schönfeld aus der Sommerfrische in Schwarzenbach mitgeteilt worden war (41). Die unter den Katholiken Gilgens geführte Auseinandersetzung, ob man Verstorbene jüdischen Glaubens überhaupt auf einem katholischen Friedhof beerdigen dürfe, wird sie zudem irritiert haben. Karl

Fleischls Sarg wurde in einer vom Tischlermeister Josef Pochlin für den in seinem Hause verstorbenen Gast angefertigten Kiste vom Spediteur Georg Weber nach Ischl gebracht und von dort nach Wien überführt (42). Johann Kautskys Familie wünschte dagegen eine Beerdigung im Ort, für die der Pfarrer eine bischöfliche Sondergenehmigung einholen musste.

Auf Johann Kautskys Grab wurde ein Marmor-Denkmal errichtet, dem noch vor Abschluss der Maurerarbeiten von einem sicherlich angestifteten Ministranten die Nasenspitze abgeschlagen wurde. Nach Auflassung der Grabstätte „verschwand es um 1950" (43).

Trotz dieser beunruhigenden Zeitphänomene beschreibt Marie Ebner-Eschenbach St. Gilgen als einen Ort, in dem sie sich wohlfühlt, in ihrer literarischen Arbeit vorankommt und dessen prachtvolle Umgebung sie inspiriert:

„Es ist mir immer noch wie ein Traum, dass ich hier bin, im herrlichen St. Gilgen, umgeben von Güte, Wohlwollen, Ehrlichkeit." (44)

„Regen von Mittag an. Macht aber nichts, ist doch herrlich. Mein gesegnetes St. Gilgen, meine gesegnete Ruh'. In Wien bin ich froh, wenn ein Tag vorüber ist, hier wenn einer anfängt. Möchte jeder Stunde ein Schwergewicht anhängen." (45)

In Landschaftsbeschreibungen rühmt sie die Schönheiten der Natur im Jahreszeitenlauf:

„... die Kuppen der Berge von Nebeln verhüllt, der Himmel schimmernd weiß, der See fromm und sanft mit riesigen Ölflecken auf seiner von kleinen zarten Wellen guillochierten Oberfläche. Die Berge, die Wiesen sind grün in allen erdenklichen Schattierungen ... ." (46)

„Abends prächtiges Alpenglühen, der Schafberg wie rotes Kupfer, wie aus glühendem Erz gegossen." (47)

„Gegen Abend klärt sich der Himmel, die drei Brüder haben einen lieblichen, bläulichen, grauen Hintergrund mit weißen Streifen ... ." (48)

Bei ihrer Ankunft am 27. Mai 1896 ist sie von der im Frühjahr zweigeteilten Salzkammergutlandschaft – Frühling im Tal, Winter in den Bergen – eingenommen („St. Gilgen herrlich! herrlich! Großes Schneefeld auf dem Zwölferhorn; Ausseerberge, Kathrein, alles noch voll Schnee!") Dank der Eisheiligen kann sie noch Mitte Mai einen Hauch von Winter verspüren („Schnee – die Straße, die Wiesen, alles beschneit.") (49). Eine milde Herbststimmung („Das Himmelsgewölbe schön blau, die Berge noch im schimmernden sonnenschein-durchglitzerten Nebel. Der See eine große Fläche aus Milchglas. Wie Rauch zog's über die Sturzfelder") ist oft nur von kurzer Dauer, ein Wettersturz verändert rasch das Aussehen des Gebirges („Alle Berge haben Mäntelchen aus Schnee umgehängt!") (50).

In den zehn Sommern macht sie ausgiebig Gebrauch von der gut ausgebauten Infrastruktur des Fremdenverkehrsorts St. Gilgen, um sich von ihrer täglichen literarischen Arbeit zu entspannen. Sie fährt mit dem Dampfschiff nach Fürberg und spaziert von dort den Seeweg entlang über den Brunnwinkl zurück, lässt sich mit Ida und anderen Bekannten im Traundl über den See rudern, wandert von ihrer Unterkunft aus zum Brunnwinkel und besucht die Familien Billroth, Kautsky, Exner und Frisch. Hin und wieder unternimmt sie in Begleitung von Freundinnen und Freunden ausgedehntere Spaziergänge zum Krottensee und nach Scharfling, für den Rückweg benutzt die Gesellschaft einen Wagen oder die Bahn. Ihr wichtigster „Promenadeweg" ist – sofern es die Witterung erlaubt – der nachmittägliche Gang nach Lueg, auf dem sie mit Ida ihre am Vormittag entstandenen Texte oder Werküberarbeitungen bespricht. Oft kehren die Freundinnen und die sie begleitenden Damen wie Minna Kautsky, Hermine Franckenstein, Marie Kotzian, Emilie Exner und Marie Frisch zur Jause in Lueg ein.
Marie Ebner-Eschenbachs Kalendarium verzeichnet auch die Naturkatastrophen in St. Gilgen und Umgebung. Nach dem Bau der Salzkammergut-Lokalbahn waren die Brunnwinkler durch den

Abb. 55   Ansicht von Lueg um 1890, kolorierte Postkarte.

nahen Mühlbach, den Abfluss des Krottensees, weitaus mehr hochwassergefährdet als vorher, weil das Bauunternehmen die für die Trassenführung herausgesprengten Gesteinsmassen einfach im Bachbett hatte liegenlassen. Auch die von Karl von Frisch in die Wege geleitete Entfernung der Felsbrocken sowie der Bau von Schutzmauern konnte den ursprünglichen Zustand, der den nach starken Regenfällen herabstürzenden Wassermassen durch die natürliche Führung des Baches die Gewalt genommen hatte, nicht wiederherstellen (51).

Am 31. Juli 1897 verursachen Sturm und Regengüsse ein Hochwasser, das den Bahn- und Postverkehr zwischen Salzburg und Ischl lahmlegt. Der Personen- und Gütertransport mit Pferd und Wagen, der nach dem Eisenbahnbau zum Erliegen gekommen ist, wird in St. Gilgen wieder reaktiviert, der „Platz vor der Post ist voll Equipagen … ."(52) „Der Brunnwinkl ist überschwemmt, so dass die Familie Frisch mit ihren Gästen in den Gasthof Schweighofer übersiedelt." Auch die Familie Exner muss ihr Haus verlassen und rudert mit dem Traundl über den See, um im Ort eine vorübergehende Bleibe zu finden. In St. Gilgen ist der See über die Ufer getreten, zwischen dem großen Seehaus, dem kleinen Seehaus, dem Garten und dem Bezirksgericht steht „alles unter Wasser". Im Ort verursacht das Ansteigen des Grundwasserspiegels Probleme: Im Vorhof der 1894 erbauten Villa Edelmann (heute: Aberseestraße 25) tritt eine Quelle zutage, deren Wasserstrahl armdick ist (53). Nach längeren Regenperioden passieren Zugsunglücke und der Bahnverkehr zwischen Mondsee und Bad Ischl ist unterbrochen. („Zwischen Scharfling und St. Lorenz liegen eine Lokomotive und ein Waggon auf dem Damme. Man weiß nicht, wie man sie heben soll, wahrscheinlich müssen sie demontiert werden. In Lueg sieht es auch nicht brilliant aus mit der Bahn. Auf einmal wird der See eine große nasse Zunge ausstrecken u(nd) die ganze Herrlichkeit auflecken.") (54)

Nach dem siebten Sommer ist Marie Ebner-Eschenbach mittlerweile selbst zu einer Attraktion in St. Gilgen geworden. Der Verschönerungsverein schreibt ihr nach Wien, dass die Wegstrecke von der Kirche bis zum See den Namen „Ebner-Eschenbach-Promenade" führen wird. Zwei Wochen nach ihrer Ankunft in St. Gilgen wird am 12. Juni 1896 das Straßenschild auf der nach ihr benannten Promenade aufgestellt (55).

Deutsche Sommergäste, die den Schafberg besteigen wollen, machen in St. Gilgen Station, um ihrer verehrten Dichterin persönlich mitzuteilen, wie sehr sie die Lektüre ihrer Werke erfreut (56), und in den Jahren, in denen Marie Ebner-Eschenbach im Sommer nicht mehr nach St. Gilgen kommt, suchen die Touristen im Ort bereits die Häuser auf, in denen sie gewohnt hat (57). Die Gemeinde St. Gilgen zeichnete die am 12. März 1916 in ihrer Wiener Wohnung Verstorbene nicht nur durch die Aufnahme ihres Namens in die Ehrenbürgertafel aus, eine Gilgner Abordnung nahm auch am Trauergottesdienst im Stephansdom teil und überbrachte einen Kranz und einen kleinen Alpenblumenstrauß, der auf den Sarg gelegt wurde (58).

8. Der Wiener Gelehrten- und Künstlerkreis in St. Gilgen

Dank der Initiativen des Heimatkundlichen Museums und der Bereitschaft von bekannten in St. Gilgen wohnenden Wiener Künstlern, auch in ihren Sommerferien tätig zu sein, wird den Besuchern und Bewohnern des Ortes ein abwechslungsreiches kulturelles Programm geboten. Die Tradition von Kulturveranstaltungen in der Sommerfrische reicht bis in die 1880er Jahre zurück. In der Villa Billroth (heute: Hotel Billroth), in den Häusern der Familien Frisch und Exner im Brunnwinkl, im Pochlin-Haus (heute: Ischler Str. 4) wurden Klavier- und Gesangsabende veranstaltet, Streichquartette aufgeführt und neue Kompositionen präsentiert. In der Villa Kotzian (heute: Ischler Str. 9), im Pochlin-Haus, in der Billroth-Villa und im Brunnwinkl wurden Lesungen aus Werken verschiedener Autoren angesetzt, Marie von Ebner-Eschenbach las aus alten Werken und aus neuen, die sie in St. Gilgen geschrieben hatte. In der Villa Kautsky (heute: Mondseer Str. 34) waren Entwürfe zu Bühnendekorationen für Wiener und für ausländische Bühnen zu sehen, die Johann Kautsky (Sohn) in St. Gilgen geschaffen hatte. Sommergäste, die keine Einladung zu den künstlerischen Darbietungen in den Häusern und Ferienwohnungen der Mediziner der Wiener Schule und der Künstler hatten, konnten an Konzerten und Lesungen teilnehmen, die als Wohltätigkeitsveranstaltungen in Gasthäusern abgehalten wurden.

Kultureller Mittelpunkt war die Villa Billroth. Der Chirurg Theodor Billroth, der selbst komponierte und gut Klavier spielte, lud Johannes Brahms und erstklassige Streicher wie Brüll, Goldmark, Rottenburg und Mandyczewsky zu sich nach St. Gilgen (1).

Abb. 56
Theodor Billroth (1829–1894), Chirurg und Musiker, Zeichnung von Franz Lenbach, Rom 1884. Privatbesitz.

Die meisten seiner Mediziner-Kollegen wie Otto von Frisch und Otto von Fleischl spielten gut Klavier, so dass in der Villa Billroth häufig auch Amateur-Instrumentalisten auf hohem Niveau musizierten. Otto von Fleischl, der von 1885 an sommers drei bis vier Wochen mit seinen Eltern in St. Gilgen verlebte, brachte in die Ferienwohnung seiner Eltern sein Klavier aus Wien mit (2). Billroth schätzte den Klavierspieler Otto Fleischl und spielte mit ihm vierhändig Stücke von Anton Dvořák (3).

Abb. 57
Otto von Fleischl-Marxow, Arzt und Musiker.

Eine besondere Attraktion im Hause Billroth bot der Gesang der zweitältesten Tochter Else, deren Stimme der Vater hatte ausbilden lassen. Marie Ebner-Eschenbach liebte Elses Stimme (4). Sie kannte die Familie Billroth von Wien her (5) und intensivierte nun ihre Kontakte zu den Billroth. Sie erschien häufig zum Tee und zu späten Abendveranstaltungen, manchmal mit einer Laterne (6), um nachts durch die nicht beleuchteten Straßen St. Gilgens unbeschadet nach Hause zu gelangen. Ihrerseits lud sie Frau Billroth, Else und die zwei anderen Töchter Martha und Helene zu Lesungen in ihre Unterkunft ein (7) oder unternahm mit ihnen Spaziergänge. Die Sängerin Else Billroth zeichnete und malte auch, an den Entwürfen zur Innenausstattung der Villa Billroth hatte sie mitgewirkt.

Abb. 58   Taubnessel als Brief-Dekoration für Marie Ebner-Eschenbach von Else Billroth, dat.: St. Gilgen 1896. WStLB, Hss, IN 165.976.

Die Billroth waren – ebenso wie die Frisch und Exner – für Marie Ebner-Eschenbach maßgebende Zweitbegutachter ihrer in St. Gilgen geschaffenen Werke, wie das Beispiel „Verschollen" zeigt (8), die Geschichte des erfolgreichen Malers Heinrich Rufin.
Am 3. September 1896 präsentiert sie den in der Villa Billroth Anwesenden den Text der Erzählung, der schon vier Wochen später in der „Deutschen Rundschau" in Berlin im Druck erscheint (9).
Mit Marie Frisch geb. Exner ergaben sich über Gottfried Keller literarische Berührungspunkte. Dieser hatte die junge Marie Exner während eines Salzkammergutaufenthalts in Mondsee kennengelernt und wollte sie heiraten. Sie entschied sich aber für den Mediziner Anton Frisch. Das Ehepaar Marie und Anton Frisch blieb Gottfried Keller bis zu seinem Tod am 17. Juli 1890 in Freund-

schaft verbunden. Einen seiner letzten Briefe hatte Keller an Marie Frisch gerichtet, den diese sieben Jahre später im Brunnwinkl Marie Ebner-Eschenbach und Otto Fleischl vorlas (10).

Abb. 59
Marie von Frisch, geb. Exner (1844–1925), Kohlezeichnung von Ferdinand Schmutzer (1870–1928).

Mit dem Physiologen Sigmund Exner und seiner Frau Emilie Exner (1850–1909), die neben ihren zahlreichen Aktivitäten zur Hebung der Frauenbildung in Österreich auch Novellen schrieb, war Marie Ebner-Eschenbach ebenfalls befreundet.

Abb. 60
Sigmund Exner (1846–1926), Physiologe.

Während die von Johann Kautsky (Sohn) in der Villa seiner Eltern gemalten und deponierten Bilder und Entwürfe für Bühnendekorationen Marie Ebner-Eschenbach gefielen, lehnte sie die politischen Ansichten seines Bruders, des sozialdemokratischen Theoretikers Karl Kautsky, dezidiert ab. Hatte sein Werk „Die Klassengegensätze 1789" im ersten Gilgner Sommer noch teilweise ihr Interesse erregt, führte Karl Kautskys Analyse der Situation der Arbeiterklasse während eines gemeinsamen Spaziergangs nach Lueg zu einer ernsthaften Verstimmung (11).

Abb. 61   Weg nach Lueg. Archiv für Ortsgeschichte St. Gilgen.

Der in St. Gilgen verstorbene Johann Kautsky (Vater) (1827-1896) hatte in Prag als Theaterdekorationsmaler begonnen und in England, Amerika und Deutschland große Erfolge erzielt. 1863 wurde er in Wien zum k. k. Hoftheatermaler ernannt. Seine Theaterdekorationsfirma „Kautsky-Brioché-Burghardt" war eine Talentschmiede nicht nur für seine beiden Söhne Johann und Friedrich (12), sie war auch die erste außermährische Arbeitsstelle des aus Eibenschitz (Ivančice) stammenden neunzehnjährigen Alphons Mucha (1860-1939) (13).

Marie Ebner-Eschenbachs junger mährischer Landsmann empfing in seinen zwei Wiener Jahren (1879-1881), vor allem durch Hans Makart, wichtige Impulse für sein künstlerisches Schaffen.

Abb. 62   Alphons Mucha (Eibenschitz 1860–1939 Prag), Plakat „Mährischer Lehrerchor", 1911.

Nach seinen Erfolgen mit Theaterplakaten für Sarah-Bernhardt-Aufführungen in Paris und seinem aufsehenerregendem Durchbruch als Werbegraphiker setzte er seine Tätigkeit erfolgreich in New York fort. Mit Unterstützung des amerikanischen Millionärs Charles R. Crane, der mit dem Gründer der ersten tschechoslowakischen Republik, Thomas Masaryk, Kontakte pflegte, konnte Mucha in der Heimat seine Vorstellungen von einer (pan-)slawischen Malerei („Slawenepos") (14) in Prag verwirklichen und an der visuellen Ausbildung eines tschechischen Staats-Bewusstseins außerhalb eines Vielvölkerstaates wie Österreich-Ungarn mitwirken.

Auch Johann Kautsky (Sohn) war erfolgreich mit Dekorationen zu Aufführungen für Londoner Theater, so für Wagners „Ring des Nibelungen" am Deutschen Theater in London (15). Einige dieser Entwürfe konnte Marie Ebner in der Villa Kautsky bestaunen (16). Die dem Wiener Gelehrten- und Künstlerkreis angehörenden Damen und Herren traten als Amateurmusiker und Laiendarsteller in Gasthöfen auf. Vereinzelt musste das Programm kurzfristig geändert werden. Bei der im Gasthof Kendler abgehaltenen Benefiz-Veranstaltung konnte nur der musikalische Programmteil aufgeführt werden. Auf die geplanten beliebten „Lebenden Bilder", die eine bäuerliche Milieu-Szene eines Gemäldes von Franz Defregger nachstellen sollten, musste verzichtet werden, weil „Fräulein Mitzi Kundmann sich die Löckchen nicht aus der Stirne streichen lassen wollte" und eine „Defreggerische Bäuerin mit ardelianischen Stirnlöckchen" unglaubwürdig sei (17).

Bis zur Mitte der 1880er Jahre war das Verhältnis Marie Ebner-Eschenbachs zu ihrer Familie wegen ihrer von der Kritik verrissenen literarischen Arbeit angespannt. Zwischen 1880 und 1882 befand sich die Familie Dubsky in einer existenziellen Krise, die durch das Fehlverhalten des in Militärdiensten stehenden jüngsten Bruders Heinrich (1848-1927) ausgelöst worden war. Um seine Spielschulden zu begleichen, hatte er ungedeckte Wechsel mit kurzer Laufzeit unterschrieben, die von seinen Halbgeschwistern Adolf, Viktor, Marie und von Cousin Moriz eingelöst werden mussten (18). Sein Lebenswandel blieb nicht ohne Folgen für seine Ehe. Seine Ehefrau, Consuela Gräfin Mels-Colloredo (1857-1906), forderte die Scheidung. Als sich ankündigte, dass Heinrich gewillt war, die Ehekrise an die Öffentlichkeit zu zerren, agierte Moriz Ebner-Eschenbach als Vermittler, indem er familienintern gemeinsam mit seinem Cousin Adolf, dem formellen Oberhaupt der Familie, die räumliche Trennung der Ehepartner und die Güterteilung in die Wege leitete.

Abb. 63 Adolf Dubsky von Třebomyslic   Abb. 64   Viktor Dubsky von Třebomyslic
              (1833–1911).   (1834–1915).

Zwar blieb die bereits gefestigte Karriere von Adolf Dubsky – er war mährischer Landtagsabgeordneter, Abgeordneter im Reichsrat, Präsident der Wiener Union Bank und Mitglied mehrerer Verwaltungsräte und Unternehmen – davon unberührt (19). Die diplomatische Laufbahn von Viktor Dubsky, dem zweitältesten Bruder, erfuhr durch die Affäre Heinrichs jedoch einen entscheidenden Knick, sie war Anlass für eine Intrige, durch die Viktor ein zweites Mal bei einer Stellenbesetzung übergangen wurde (20). Von 1884 an normalisiert sich das angespannte Verhältnis zwischen der Familie Dubsky und Marie Ebner-Eschenbach, eine Folge ihrer zunehmenden Bekanntheit und der Akzeptanz in der kaiserlichen Familie. Sie erhält nun häufig Besuche ihrer Familie in St. Gilgen. Rosine von Dubsky-Thun-Hohenstein beteiligt sich aktiv an den Kulturveranstaltungen des bürgerlichen Freundeskreises der Schwägerin in St. Gilgen, sie spielt mit Otto von Fleischl Orgel-Konzerte von Händel. Marie Ebner fährt mit der Bahn nach

Salzburg, um Rosine zu einer Rezitationsveranstaltung der Louise Schönfeld-Neumann einzuladen (21). Adolf erwägt, in Aigen bei Salzburg eine Villa zu kaufen, um seiner Schwester im Sommer näher sein zu können. Aus Kostengründen muss er jedoch auf das Projekt verzichten.

In der Zeit nach St. Gilgen halten die Brunnwinkler Damen Marie Ebner-Eschenbach über die örtlichen Entwicklungen auf dem Laufenden und gratulieren ihr aus St. Gilgen zum Geburtstag. Die an einem Julimorgen von Ilse Exner-Hauser auf dem Zwölferhorn gepflückten Alpenrosen werden mit der Bahn express an ihre Wiener Adresse geschickt (22), sie wird in Kenntnis gesetzt, dass der alte Nussbaum in Fürberg umgeschlagen und an Stelle des „alten behäbigen Bauernwirtshauses" in Fürberg, eines von Marie Ebners Ausflugszielen, eine „schlechte Schweizer-Villa" errichtet worden ist (23). Als schmerzhaftester Einschnitt in das von den Protagonisten des Wiener Gelehrten- und Künstlerkreises in St. Gilgen selbst gestaltete Stück Kultur- und Fremdenverkehrsgeschichte wird der Abriss der Villa Billroth empfunden. Die Billroth-Töchter konnten nach dem Tod der Eltern die Villa nicht halten und verkauften sie an den Bankier Max Feilchenfeld. Der neue Eigentümer ließ das erst zwanzig Jahre alte Schweizer Haus zur Gänze niederreißen und errichtete 1906 an seiner Stelle einen Neubau. Emilie Exners Eindrücke von der Feilchenfeld-Villa:

..."Ich habe gestern zum ersten Mal die Villa Feilchenfeld in der Nähe gesehen. Einfach abscheulich, der Garten ein Schütthaufen, das Haus ein Monstrum in dieser lieblichen Gegend." (24)

„Am Wald hinter der Billroth-Villa liegt die Vorzimmer-Vertäfelung aus dem großen rechten Gang bei Billroths. Wir kaufen sie als „Abbruch" für ein paar Kronen und stellen sie bei uns wieder auf ."(25)

9. Schule der Frauen in St. Gilgen

Die in St. Gilgen längerfristig oder vorübergehend weilenden Autorinnen waren Mitglieder des Vereins für Schriftstellerinnen und Künstlerinnen in Wien oder standen diesem nahe.
Ebenso wie Marie Ebner-Eschenbach nutzten sie die Gelegenheit, in einer schönen Umgebung, fern vom eigenen Haushalt, den Freundinnen und Kolleginnen ihre im Entstehen befindlichen Texte vorzutragen, ein kompetentes Urteil zu hören und Änderungsvorschläge für die Weiterführung des Werkes zu überdenken.

Abb. 65   Ansichtskarte von St. Gilgen um 1890.

Daneben wurden auch Strategien entwickelt, um Schriftstellerinnen, die mit dem Schreiben ihren Lebensunterhalt finanzieren mussten, auf dem Literaturmarkt gut zu positionieren. Die Trägerinnen von klingenden Namen rezensierten die Texte der in der Literaturszene noch „Namenlosen" im Feuilleton der großen Zeitungen und in Literaturzeitschriften. Eine andere Möglichkeit bestand darin, Rezitationsveranstaltungen von berühmten Schauspielerinnen oder Schauspielern zu nutzen, um für die Texte wenig bekannter Verfasserinnen zu werben.
Ein dritter Weg bot sich an, wenn Verlage die Gesamtausgabe der Werke einer Erfolgsautorin – meist zu einem Jubiläum – vorbereiteten.

In literarischen Zeitschriften und in Unterhaltungsblättern erschienen Beiträge zur Biographie der Autorin mit einer Gesamtschau über ihr literarisches Schaffen. Für diese Artikel wurden bevorzugt Beiträgerinnen gesucht, die mit der Gefeierten befreundet waren und den Lesern aus dem Privatleben der Dichterin berichten konnten. Schließlich eröffneten auch die Nachrufe auf Verstorbene den Nekrolog-Schreiberinnen einen nachhaltigen Eingang in das Bewusstsein der Leser. Auch Marie Ebner-Eschenbach hatte in ihrer erfolglosen Zeit ihre Dienste in das von Schriftstellerinnen für Schriftstellerinnen gespannte Netzwerk gestellt und von ihm auch profitiert. Sie schrieb Rezensionen über Werke von Louise François und Betty Paoli. Im Gegenzug besprachen beide Marie Ebners Erzählungen und halfen mit, sie bekannt zu machen. Die badische Schriftstellerin Hermine Villinger, die in den 1890er Jahren mehrmals nach St. Gilgen kam, um Marie Ebner

Abb. 66
Marie von
Ebner-Eschenbach
und
Hermine Villinger,
im Garten der Villa
Billroth in St. Gilgen
um 1895.
Archiv für
Ortsgeschichte
St. Gilgen.

zu besuchen, aber auch in Zdislawitz und Wien ihr Gast war, sollte eine jener Kandidatinnen sein, der Betty Paoli und Marie Ebner zur Verbesserung der finanziellen Situation tatkräftig unter die Arme griffen. Zum 60. Geburtstag Marie Ebners am 13. September 1890 erscheint in der September-Nummer der „Velhagen und Klasing Monatshefte" ein Beitrag Hermine Villingers, in dem sie ihre erste Begegnung mit Marie von Ebner-Eschenbach schildert, sie als freundliche, entgegenkommende Dame beschreibt und dem Leser einen Eindruck von den Wohnverhältnissen und der liebsten Freizeitbeschäftigung der Dichterin, dem Tarock, vermittelt (1).

Abb. 67   Wiener Damen-Tarockrunde, v. l. n. r. Betty Paoli,
Marie v. Ebner-Eschenbach und Ida v. Fleischl-Marxow.
Foto: Christian Brandstätter Verlag.

Tatsächlich hat diese erste Begegnung zwischen den beiden Frauen bereits fünf Jahre zuvor stattgefunden, 1885 unmittelbar nach der Gründung des „Vereins der Schriftstellerinnen und Künstlerinnen in Wien", zu dessen Vereinsvermögen Marie von Ebner-Eschenbach als Stifterin eine Summe von 100 Gulden beisteuerte (2). Auch der Industrielle Wilhelm Kestranek, der sich 1906/07 eine Villa in St.

Gilgen Nr. 162/163 erbaute (heute: Gunzenbachstraße 1 / Wolfgangsee-Bundestraße 2) findet sich in der von Kaiser Franz Josef I. angeführten Liste prominenter Stifter (3). Vermutlich war Marie Ebner Ende der 1880er Jahre auf einem „jour fixe" im Salon von Cecile Mayer von Aichenburg am Stephansplatz anwesend, als Hermine Villinger, Marie Najmajer und Goswina von Berlepsch aus ihren Werken lasen (4). Hermine Villinger, die über die Mitglieder des Vereins viele Kontakte hat, wird zur Sommerfrische ins Salzkammergut eingeladen, so nach Bad Ischl und von dem mit Theodor Billroth befreundeten Ehepaar Seegen nach Altaussee. Hermine Villinger verbringt im Juli 1890 zwölf Tage bei Marie Ebner in St. Gilgen. Sie beantwortet Maries unerledigte Korrespondenz. Es ist seinerzeit nicht unüblich, dass Schriftstellerinnen die an Kolleginnen gerichtete Post für diese beantworten, damit deren Schaffensprozess nicht gestört wird. Zum Abschied schreibt Marie Ebner-Eschenbach in H. Villingers Album „Gradaus! ist längst ihr Wahlspruch geworden. Wie kommt's, daß sie es nicht wußten liebes Kind". (5)

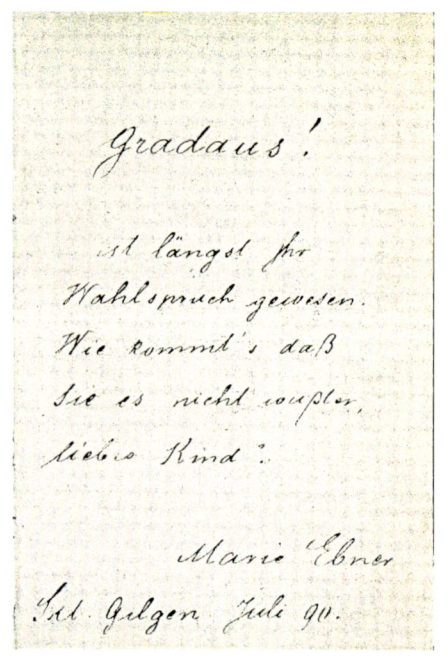

Abb. 68
Album-Eintrag von Marie Ebner-Eschenbach, dat.: St. Gilgen, Juli (18)90, Badische Landesbiblitothek Karlsruhe, Handschriftenabteilung, Nachlass Hermine Villinger, Signatur K 1807.

Weil die „Deutsche Rundschau“ H. Villingers Novelle abgelehnt hat (6), sorgt Betty Paoli dafür, dass ein Villinger-Text auf das Programm eines erfolgversprechenden Rezitationsabends der Burgschauspielerin Katharina Schratt gesetzt wird (7). Auf Betreiben Marie Ebners kann H. Villinger in der Villa Billroth ihre Novelle „Vater und Sohn“ vorlesen und findet damit in der Zuhörerschaft Anklang (8).

Hermine Villinger fühlt sich in St. Gilgen in Marie Ebners engerem Freundeskreis so gut aufgenommen, dass ihr der Abschied schwerfällt („Nun also in Ischl, das Herz noch schwer vom Gilgener-Abschied; ich war so glücklich im Verkehr unserer lieben Freunde u. es ist nicht zu sagen, wie gut u. schön Sie es mir alle machten. Bereichert in jeder Beziehung trugen mich die Wellen des schönen blauen Sees davon u. denken Sie, daß mich der gute gute Herr von Fleischl bis nach Strobl bewachte; das werde ich ihm nie vergessen.“) (9).

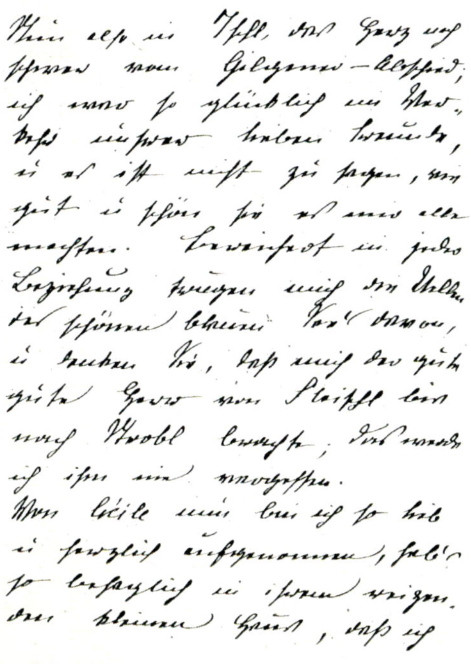
Nun also in Ischl, das Herz noch
schwer vom Gilgener-Abschied;
ich war so glücklich im Verkehr unserer lieben Freunde,
u. es ist nicht zu sagen, wie
gut u. schön Sie es mir alle
machten. Bereichert in jeder
Beziehung trugen mich die Wellen
des schönen blauen Sees davon,
u. denken Sie, daß mich der gute
gute Herr von Fleischl bis
nach Strobl bewachte; das werde
ich ihm nie vergessen.
Von Cécile nun, bei ich so lieb
u. herzlich aufgenommen, habe
so behaglich in ihrem reizenden
dem kleinen Hause, daß ich

Abb. 69
Brief Hermine Villingers vom 1. 8. 1890 aus Bad Ischl an Marie Ebner-Eschenbach in St. Gilgen. Badische Landesbibliothek Karlsruhe, Handschriftenabteilung, Nachlass Hermine Villinger, Sign. K 1846.

Doch erst nach der Jahrhundertwende gelingt ihr der erste Schritt zu einem dauerhaften Erfolg durch die Veröffentlichung ihres Briefwechsels mit der verstorbenen Louise Schönfeld-Neumann bei Carl Konegen in Wien (109). Hermine Villinger war die Letzte, an die Marie Ebner-Eschenbach einen Tag vor ihrem Tod noch zu schreiben versuchte (11). Obwohl die aus Karlsruhe stammende Dichterin der Verstorbenen sehr nahe gestanden war, verwehrte ihr die Familie Kinsky-Dubsky die Veröffentlichung ihrer Korrespondenz mit Marie Ebner-Eschenbach (12).

Ein dringliches gesellschaftspolitisches Thema in den 1890er Jahren, das den Vertreterinnen der österreichischen bürgerlichen Frauenbewegung (wie Marianne Hainisch, Rosa Mayreder) sowie vielen weiblichen Kunstschaffenden unter den Nägeln brannte, war die Forderung nach der Einführung des Frauenstudiums in Österreich. Als schwaches Zugeständnis an das Revolutionsjahr 1848, in dem auch Frauen ihre Forderung nach der Zuerkennung der bürgerlicher Rechte artikuliert hatten, gestattete eine Ministerialverordnung vom 5. Februar 1849, dass die Universitäten nach eigenem Gutdünken Frauen als außerordentlichen Hörerinnen den Besuch von Vorlesungen erlauben oder eigene Frauenvorlesungen einrichten konnten. Ein reguläres Studium war nicht vorgesehen (13).

Abb. 70
Gedenktafel
zur Verleihung
des Ehrendoktorats an
Marie Ebner-Eschenbach
1900.
Arkadenhof der
Universität Wien.

Mit Neid blickte frau auf die Universität Zürich, die als europäische Vorreiter-Institution das reguläre Frauenstudium bereits 1867 eingeführt hatte. Aus Angst vor der weiblichen Konkurrenz und wegen „Brotneids" gab es in Österreich unter den Universitätslehrern und Studenten starke Vorbehalte gegen das Frauenstudium. Vor allem die Mediziner waren gegen Kolleginnen voreingenommen. Anfang des Jahres 1897 entschied eine Kommission aus Universitätslehrern, in der auch Marie Ebners Freund Sigmund Exner vertreten war, positiv über ein Gutachten zum Frauenstudium. Mit einer Verordnung des Unterrichtsministeriums vom 23. März 1897 wurden Frauen als ordentliche oder außerordentliche Hörerinnen der philosophischen Fakultäten vom Wintersemester 1897/98 an zugelassen (14). Die Zulassung zum Studium an der medizinischen Fakultät sollte noch zwei Jahre auf sich warten lassen. Das Thema Frauenstudium und die gehobene Berufstätigkeit von Frauen war im Hause Exner sowohl in Wien als auch im Brunnwinkl wichtiger Gesprächsgegenstand. Die Korrespondenz von Emilie Exner an Marie Ebner-Eschenbach enthält ein Fallbeispiel für die von Frauen bereits vor der Einführung des Frauenstudiums im Geheimen geleistetete wissenschaftliche Zuarbeit für die Karrieren ihrer Ehemänner oder männlichen Verwandten. Bruno Bucher, ein Bruder des Bismarck-Biographen Lothar Bucher und langjähriger Freund des Ehepaars Exner im Brunnwinkl, bat Emilie Exner im Herbst 1898, die Vorarbeiten seines verstorbenen Bruders für ein Lexikon der Kunstbegriffe gemeinsam mit Brunos Tochter Helene Bucher fortzuführen und zum Abschluss zu bringen. Emilie Exner widmete sich während des Winters und des Frühjahrs dieser Aufgabe, die im August 1899 unter den Vorzeichen des herrschenden politischen Zeitgeistes eingestellt werden musste, weil der Verleger eine Publikation, die „ganz und gar unter Bismarcks Einfluss" begonnen worden war, um die Jahrhundertwende nicht mehr herauszugeben bereit war (15). Da auch ihr Vater Bruno Anfang 1899 verstarb, hätte die Vollendung des Lexikons Helene Bucher bescheidene finanzielle Einkünfte gebracht. Marie Ebner-Eschenbach stellte

Helene Bucher später als Sekretärin an, die für sie in Wien und Zdislawitz arbeitete und auch nach Marie Ebners Tod einige Jahre den in Zdislawitz vorhandenen Nachlass betreute (16).

Marie Ebner als eifrige Unterstützerin des Frauen-Erwerbsvereins wird von der in diesem Verein tätigen Funktionärin Emilie Exner über die Anpassung des vom Verein eingerichteten und unterhaltenen Mädchen-Lyceums sowie der Zeichenschule an die neue Situation informiert (17). Zehn Jahre später werden an der Universität Wien im Sommer Vorbereitungskurse für Gymnasiastinnen eingerichtet, die ihnen den Einstieg in das Lehramtsstudium für Gymnasien erleichtern sollen. Es werden Latein-Kurse und Übungen in Mittelhochdeutsch, Altsächsisch und Provençalisch angeboten (18). Marie Ebner-Eschenbach zeigt sich am Frauenstudium sehr interessiert und bittet Sigmund Exner, ihr als Universitätslehrer von seinen relativ kurzen Erfahrungen mit Medizinstudentinnen zu berichten (19).

Einen breiten Raum in der Tagesbeschäftigung der St. Gilgner Sommerfrischlerinnen und ihrer Besucherinnen nimmt die Lesung von Werken einzelner Autorinnen ein. Marie Ebners Lesungen aus ihren Werken ernten meist goßen Beifall:

> *„Nachmittag meine Vorlesung. Es wurde geweint und gelacht, ich hatte aber auch ein dankbares Publikum. Ida, Cecile (die Schwiegertochter Idas Anm. d. Verf.), Fr(au) v. Kautsky, (Marie) Kotzian, Herm(ine) Franckenstein." (20)*

Ein bedeutendes Mitglied im Verein für Schrifstellerinnen und Künstlerinnen in Wien, Marie Najmajer, besuchte ihre Freundinnen zweimal in St. Gilgen, um ihnen die neuesten Schöpfungen vorzutragen. Am 16. Juli 1891 las sie vor Marie Ebner, Ida, Cécile und Hermine Franckenstein Gedichte, wobei das Gedicht „Komm bald!" besonders gefiel (21). Ihre schriftstellerische Biographie ist der von Marie Ebner-Eschenbach sehr verwandt. Die in Budapest geborene Tochter eines Hofrats sollte auf Betreiben ihrer Familie auf ihre schriftstellerischen Neigungen verzichten, auch in ihrem Falle bemühte die Familie Franz Grillparzer um ein Urteil, das auch für die junge Marie Najmajer günstig ausfiel (22). Es hat den Anschein, dass einige Eltern Franz Grillparzer als „Hofratskeule" benutzten, um ihren Töchtern das Schreiben auszutreiben. Ob seine Gutachten in jedem Fall gerechtfertigt waren, mag dahingestellt bleiben, vielleicht bestätigte er manch einer Probandin auch dichterisches Talent, um die ihm lästigen Aufgabe abzuschütteln. Mitte August 1896 liest Marie Najmajer den Damen in St. Gilgen ihr Drama „Julian Apostata" vor, das als stark überarbeitungsbedürftig qualifiziert wird. Marie Ebner notiert in ihrem Tagebuch:

„Erster Akt dauert fast eine Stunde u. könnte leicht gekürzt werden. Braucht nur einen effektvolleren Schluss, der leicht zu machen wäre. Man erwartet ihn. Zweiter Akt der beste. Rasch u. natürlich fortschreitende Handlung. Dritter Akt fängt schwach an, steigert sich aber sehr schön. Im vierten beginnt das Unglück u(nd) vollendet sich im fünften. Da hört das Interesse auf, weil kein Kampf ist in der Seele des Helden." (23)

Die Beurteilung der Werke von Minna Kautsky (1837-1912) zeigt, dass unter den Schriftstellerinnen im ausgehenden 19. Jahrhundert völlig konträre ideologische Auffassungen herrschten, die sich auch in der Austragung heftiger Grabenkämpfe äußerten.

Abb. 71
Minna Kautsky (1837–1912), sozialdemokratische Schriftstellerin.

Minna Kautsky, die Mutter des sozialdemokratischen Theoretikers Karl Kautsky und Ehefrau des erfolgreichen Hoftheatermalers Johann Kautsky (Vater), hatte seit den 1870er Jahren bewusst eine kontinuierliche politische Entwicklung nach links eingeschlagen. Zwischen 1884 und 1894 waren drei soziale Romane erschienen („Die Alten und die Neuen", „Victoria" und „Helene"). Der erstere ist hier insofern erwähnenswert, weil er im Bergarbeiter-Milieu des Salzkammergutes angesiedelt ist. Bevor Minna Kautsky den Roman schrieb, stellte sie Vorstudien vor Ort an. Ihre Informationen über die soziale und wirtschaftliche Lage der Bergarbeiter bezog sie über den sozialdemokratischen Parteifunktionär und Obmann des Hallstätter Konsumvereins Josef Vierbauer, ebenso von dem als „freidenkerisch" bekannten Bauernphilosophen Konrad Deubler aus Goisern (24). Ein Kuriosum stellt zudem die Tatsache dar, dass Minna Kautsky während einer Englandreise diesen Roman den Theoretikern des wissenschaftlichen Sozialismus Karl Marx und Friedrich Engels in London vorlegte. In der Forschung wird darauf hingewiesen, dass es in der Marx-Engels-Gesamtausgabe einen Brief gibt, in dem Friedrich Engels zu diesem Salzkammergut-Roman Stellung nimmt und ihn in der Figurenzeichnung als „klischeehaft" und die Kriterien einer sozialistischen Literatur nicht erfüllend ansieht (25). Diesem Standpunkt schließt sich auch der sozialdemokratische Literaturtheoretiker Franz Mehring vorsichtig an. Ein generell von sozialistischer Seite geäußerter Kritikpunkt an Minna Kautskys Roman „Die Alten und die Neuen" ist, dass die Protagonisten fast durchwegs dem Adel oder dem gehoben Bürgertum entstammen und die Schauplätze des Handlungsgeschehens nicht wie etwa in Émile Zolas Germinal das proletarische Milieu der Bergarbeiter darstellen, sondern das Ambiente von Adelspalästen, Bürgerhäusern und Salzkammergut-Villen schildern. Die in der sozialdemokratischen Presse bei der weiblichen Leserschaft jedoch erfolgreiche Minna Kautsky – ihre Romane und Erzählungen erschienen in Fortsetzung – war in den Jahren 1885/86 Vorsitzende des Vereins der Schriftstellerinnen und Künstlerinnen in Wien. Angesichts der zahlreichen Mitglieder aus dem Hochadel und aus dem liberalen Bürgertum konnte diese führende Funktion allerdings nur von kurzer Dauer sein.

Das Verhältnis von Marie Ebner-Eschenbach und Ida Fleischl zu Minna Kautsky während der Aufenthalte in St. Gilgen war wechselhaft. Die Einladungen in die Villa Kautsky wurde von beiden Damen gern angenommen, die während eines Spaziergangs von Minna Kautsky geäußerte Forderung nach der gesetzlichen Einführung des Acht-Stunden-Tags für Arbeiter mit Empörung zurückgewiesen (26). Die Bewertung von Minna Kautskys Werken erfolgt nach zwei verschiedenen Kategorien. Während das Lustspiel „Der Wassermann" gut ankommt, missfällt die neue Erzählung – vermutlich „Ein Maifesttag". („Frau Kautsky liest uns die erste Hälfte ihrer neuen Erzählung vor. Ist sehr gut, tüchtig, voll Talent, aber recht derb und sehr tendenziös, das versteht sich.") (27)

Wenn der Schnürlregen zur Abkühlung der erhitzten Gemüter nicht ausreicht, spielen die Damen an solchen Tagen ausgiebig Tarock, im Brunnwinkl, in der Ferienwohnung der Familie Fleischl im Pochlin-Haus oder bei Marie Ebner-Eschenbach in der Villa Kotzian.

10. Arbeitsalltag in der Sommerfrische

Marie von Ebner-Eschenbachs Wertschätzung gegenüber St. Gilgen rührt auch daher, dass sie im ersten Sommer ein mit Bangen erwarteter Brief vom Herausgeber der „Deutschen Rundschau" Julius Rodenberg erreichte, dessen Inhalt sie in eine Hochstimmung versetzte und ihr half, den Anflug einer Schaffenskrise zu überwinden. Vor ihrer Abreise hatte sie ein unfertiges Manuskript der Erzählung „Unsühnbar", einer Ehebruchsgeschichte, zur Begutachtung an Rodenberg geschickt. Dass die Geschichte des Fehltritts der Gräfin Maria Dornach gedruckt würde, lag Marie Ebner-Eschenbach sehr am Herzen. Angeregt durch die Lektüre von Tolstois „Anna Karenina" schuf sie ihre Version des Motivs eines Ehebruchs durch die Ehefrau (1), die ihr beim Schreiben sehr viele Anstrengungen und zahlreiche Textrevisionen abverlangte („Ich werde noch ein Narr über meiner Arbeit") (2). In einem Brief an Rodenberg schrieb sie über „Unsühnbar": „Es ist meine sorgfältigst ausgeführte und gewiss meine letzte größere Arbeit." (3). Am 7. Juni 1889 trifft Rodenbergs Nachricht in St. Gilgen ein, dass „Unsühnbar" in der „Deutschen Rundschau" gedruckt wird.

Abb. 72
Julius Rodenberg (1831–1914),
Herausgeber der
„Deutschen Rundschau"
und Mentor
Marie Ebner-Eschenbachs.

In einer ersten Antwort schreibt sie: „Seit gestern nachmittags zwei Uhr wandert ein glückseliges Menschenkind im schönen St. Gilgen herum. Welche Sorgen hatte ich mir gemacht! ...") (4). In wenigen Wochen schreibt sie „Unsühnbar" zu Ende, am 1. Juli 1889 geht das fertige Manuskript nach Berlin („Das sind die zwei letzten Kapitel, ich muss ein Ende machen; kleine Correcturen lassen sich ja noch im Drucke vornehmen. Lieber verehrter Freund, ich danke für Ihre teuren Briefe, insbesondere für den letzten vom 17. Juni. Ihre Zustimmung, Ihre Ermunterung hat mir eine mächtige Stütze geboten bei dem Alleranstrengendsten einer ehrlich durchgeführten Arbeit: ihrem Abschluss; hat mir die in S(an)kt Gilgen verlebten Tage zu glücklichen und schönen gestaltet. Jetzt ruhe ich noch aus, zwei Wochen lang, dann geht es heim. ...") (5)

Das Werk wird von den Lesern akzeptiert, von Germanisten und Literaturkritikern aber als eine mit Schwächen behaftete Erzählung eingestuft. Es wird u. a. kritisiert, dass die Verführungsszene zu wenig leidenschaftlich gestaltet sei und der Leser nicht glaubhaft nachvollziehen könne, warum Maria Dornach ihrem Liebhaber „erliegen" konnte.

Die Überarbeitungsgeschichte dieses Textes uferte zu einer „unendlichen Geschichte" aus, sogar noch nach dem Tode von Marie Ebner-Eschenbach.

Ihr Selbstverständnis als Schriftstellerin hatte sich wieder gefestigt, wenngleich ihr die Überarbeitungen dieses Textes wie alle Text-Überarbeitungen große Anstrengungen abverlangten. Ein Jahr später versucht sie in St. Gilgen eine Umarbeitung dieses Werks (6), verfolgt aber gleichzeitig konsequent den Arbeitsschwerpunkt, den sie sich für den Sommer 1890 gesetzt hat: Die Überprüfung aller bisherigen Arbeiten, um entscheiden zu können, welche in die geplante Werke-Gesamtausgabe aufgenommen werden:

„Bei Ida gespeist. N(ach)m(ittag) kam sie zu mir u(nd) wir sahen die Jugendgedichte durch, von denen wohl nur sehr wenige gedruckt zu werden verdienen. Das andere wird in St. Gilgen begraben." (7)

Ob dieses Begräbnis nur sprichwörtlich gemeint war oder tatsächlich stattgefunden hat, wäre nur durch einen archäologischen Glückstreffer zu klären.

Die Vorbereitungsarbeiten zur 1893 erscheinenden Gesamtausgabe konnten nicht in einem Sommer bewältigt werden, noch Ende Dezember 1891 sind Marie Ebner und ihre Vertrauten mit der Auswahl von Texten beschäftigt („Heute nachmittag haben Ida, Fräulein Hager, Theo Schücking und ich über meine Manuskripte Parabeln, Märchen u. Gedichte zu Gericht gesessen. Ausgeschieden: Das Blockhaus. ...") (8).

Um einen Eindruck von der Arbeitsintensität zu vermitteln, sei ein Überblick über das Schreibpensum gegeben, das Marie Ebner-Eschenbach in St. Gilgen im Jahre 1891 innerhalb von sechs Wochen schafft: Sie schreibt eine neue Erzählung „Der Schwächling", arbeitet den Anfang der neuen Erzählung „Oversberg" aus und überarbeitet die aus Berlin geschickten Korrektur-Bögen der Erzählungen „Bettelbriefe" und „Die Visite" (9).

Abb. 73   Marie Ebner von Eschenbach - Altersbildnis.

In den zehn Jahren sind in St. Gilgen folgende Werke entstanden oder fortgesetzt worden:
„Der Schwächling"
„Oversberg"
„Bertram Voglweid"
„Letzte Liebe"
„Maslans Frau"
„Die arme Kleine"
„Uneröffnet zu verbrennen"
„Verschollen"
„Der Vorzugsschüler"
„Aus einem zeitlosen Tagebuch: St. Gilgen"
„Am Ende"
„Die Spitzin"
„Der Fink".

Den Anlass zur letztgenannten Tiergeschichte hat Marie Ebner-Eschenbach aus eigenem Erleben in St. Gilgen geschöpft: Marie Ebners Begleiterin Angela, die ihr die alltäglichen Dinge besorgte, Textabschriften anfertigte und bei der Erledigung der Korrespondenz half, hatte ihren Kanarienvogel aus Wien in einem Vogelkäfig in die Sommerfrische mitgebracht. Aus Unachtsamkeit ließ sie die Käfigtür offen. Marie Ebner vermerkt in ihrem Tagebuch:

„Angela hat das Vogelhaus offen stehen lassen und ihr vielgeliebtes Canarienvögelchen ist fort geflogen. Den ganzen Vormittag wurde nach ihm gefahndet. Er ist von Hausdach zu Hausdach geflogen u(nd) dann fort gegen den See. Wird zugrund gehen. Man soll einem jungen gedankenlosen Ding nichts Lebendiges anvertrauen. Am Abend war der Flüchtling wieder da." (10)

Aus dem „jungen gedankenlosen Ding" ist in der Erzählung das kleine sensible Mädchen Pia geworden, das sich über die Errettung des kleinen Vogels vor der Katze freut und ihn sicher bei seiner Mutter weiß.

Elf Tage nach der Flucht des Kanarienvogels schickt Marie Ebner-Eschenbach ihr Manuskript der Erzählung „Der Fink" an die Deutsche Verlagsanstalt in Stuttgart. Innerhalb einer Woche antwortet der zuständige Lektor Fleischer, der Text gefalle ihm so sehr, dass er Marie Ebner einen Besuch in St. Gilgen „androht", und nach zwei Wochen wird ihr ein Honorar von 50 Mark für den „Fink" überwiesen (11).

Wie sehr sie in St. Gilgen für ihre Arbeit eine zweite literarische Heimat gefunden hat, zeigt sie mit dem Einakter „Am Ende. Szene in einem Aufzug". In einem Vergleich zwischen dem ihr seit Kindheitstagen vertrauten Provinzort in Mähren und dem ihr so wichtig gewordenen immer noch ländlichen Sommerfrischeort im Salzkammergut will Marie Ebner-Eschenbach „zwei Bilder zeichnen, das Publikum in St. Gilgen u(nd) das Publikum in Zdislawitz" (12).

Abb. 74   Ansichtskarte von St. Gilgen.

Abb. 75   Ansichtskarte von Zdislawitz.
            WStLB, Hss, IN 54.469/16.

11. „Die Erdbeerfrau"

Zusammen mit einem korrigierten Druckbogen zur Erzählung „Glaubenslos" übersendet Marie Ebner-Eschenbach ihrem Berliner Verleger Paetel aus St. Gilgen einen Begleitbrief, in dem sie die mit ihrem literarischen Schaffen verfolgte Zielsetzung erläutert:

„Was will ich mit dieser Arbeit? Was ich mit jeder meiner Arbeiten will: Möglichst einfach und treu die Lebensgeschichte eines Menschen erzählen, dessen Charakter oder dessen Schicksal, Geschick mir ein besonders lebhaftes Interesse eingeflößt haben. Ich habe die Anregung ein Buch zu schreiben, nie durch ein Buch, sondern immer durch einen Menschen empfangen." (1)

Die Zweiundfünfzigjährige war von Ausstrahlung und Persönlichkeit einer Frau, die sie zu einem Text inspirierte, so fasziniert, dass es ihr fast nicht gelang, sie als literarische Figur zu gestalten. Beim Vorbild für die „Erdbeerfrau" handelt es sich um eine verarmte alte Bäuerin aus der Umgebung von Bad Reichenhall, die Marie Ebner-Eschenbach während eines Kuraufenthaltes 1882 kennenlernte.

Abb. 76   Junge Bäuerin aus dem Berchtesgadener Land, kol. Lith. von Anton Muttenthaler (1820–1870), um 1850.

In ihrer Jugend war der „Erdbeerfrau" ein großes Unglück widerfahren: Der Hof war niedergebrannt, ihr Mann und zwei ihrer fünf Kinder waren in den Flammen umgekommen, sie selbst war noch in letzter Minute an ihrem Zopf vom Nachbarn aus dem brennenden Haus gezogen worden. Unter großen Mühen hatte die nun völlig Mittellose ihre Kinder großgezogen, die ihren Platz im Leben gefunden hatten. Um niemandem zur Last zu fallen, schlug sich die Mutter als „Erdbeerbrockerin" durch. Marie Ebner hatte mehrere Begegnungen mit ihr. Am 11. Juni 1882 befragt sie die Erdbeerfrau nach dem Wetter. Aus der Ausgaben-Übersicht für 1882 geht hervor, dass sie zwischen dem 14. und dem 27. Juni 1882 über drei Gulden für Erdbeeren ausgegeben hat (2), ihr Erdbeer-Konsum liegt in diesem Sommer deutlich über dem Durchschnitt. Zwei Monate später erhält Ida das Manuskript der „Erdbeerfrau", mit deren Korrekturen Marie Ebner nicht zufrieden ist („Einige Hinweglassungen, die mir nicht recht gefallen wollen.") (3) „Die Erdbeerfrau" ist der einzige Text von Marie Ebner-Eschenbach, in dem sie versucht, ihre Hauptfigur durchgehend im baierischen Dialekt sprechen zu lassen, um bei der Charakterisierung der Figur einen Bruch zu vermeiden.

Wenn man berücksichtigt, dass Marie Ebner-Eschenbach in ihrer Kindheit mit ihrem Kindermädchen Pepinka und mit den Dienstboten tschechisch, mit der Familie deutsch und mit den Gouvernanten französisch gesprochen hat und der Lese- und Schreibunterricht in der (hoch)deutschen und französischen Sprache erfolgte, ist dieser Versuch, den baierischen Dialekt zu verschriftlichen, um die Sprache jener Bäuerin festzuhalten, als große Leistung anzuerkennen. Ihre Freunde waren genau vom Gegenteil überzeugt und kritisierten gerade den Gebrauch des Dialektes (4). Ein Jahrzehnt später hat die „Erdbeerfrau", die auf einer Wohltätigkeitsveranstaltung in St. Gilgen rezitiert wird, noch immer keinen Erfolg (5). Bedauerlicherweise ist sie auch aus den nach 1952 herausgegebenen Teil- und Einzelausgaben von Marie Ebner-Eschenbachs Werken verschwunden (6).

Abb. 77
Hofschauspielerin
Mathilde Wildauer
als „Nandl",
Franz Eybl
(1806–1880), 1852,
Öl auf Holz.
Stadtmuseum
Bad Ischl,
Leihgabe des O. Ö.
Landesmuseums
Linz, IN G 1544.

In den Text „Die Erdbeerfrau" ist außer der Begegnung mit der Reichenhaller Bäuerin wahrscheinlich noch ein anderes Erinnerungsbild eingeflossen. Als eifriger Besucherin des alten Burgtheaters am Michaelerplatz war Marie die Ehrengalerie vertraut, in der auch ein von Franz Eybl (1806 - 1880) gemaltes Bild der Hofschauspielerin Mathilde Wildauer (1820-1878) in ihrer erfolgreichsten Rolle als „Nandl" aus dem österreichischen Volksstück „Das Versprechen hinter dem Herd" von Alexander Baumann hing. Acht Jahre zuvor hatte Eybl das Bild „Die Erdbeerverkäuferin von Hallstatt" gemalt, das ihm für das Rollenbild der „Nandl" als Vorlage diente. Das für Marie Ebner-Eschenbachs literarisches Schaffen so wichtige visuelle Gedächtnis hat sicher unbewusst das Rollenbild der Nandl mit der „Erdbeerfrau" in Verbindung gebracht, zumal diese zur Entstehungszeit von Franz Eybls Gemälde als junge Hofbäuerin in besseren, der Nandl vergleichbaren Verhältnissen gelebt hatte (7).

Anhang

Die Erdbeerfrau

Marie von Ebner-Eschenbach

"A loadis Erdbeer-Jahr, natürlich gel'?
Am Benno-Tag, der Frost, der hat's dawischt!" –
Sprach sie mich an und lächelt dazu
Mit welkem Mund und wasserblauen Augen,
So harmlos wie ein Kind, die dürre Alte.
"Recht schlimm für uns, und schlimmer noch für Euch,"
Erwidert' ich, "Ihr kommt um den Verdienst,
Den besten wohl im Sommer."
    "I? No wiss'ns,
Geit's ihrer weni, wern's halt besser zahlt,
Die Erdbeer, gar die schöni, aus'm G'stoan,
Wie ebba selli da!"
    Sie rückt' hinweg
Den Deckel ihres Korbs, und drinnen lagen
Auf Tannenreislein und auf frischen Blättern
Erdbeeren duftend und so purpurrot,
Daß schon ihr Anblick eine Labung war.
Der Alten bot er wahren Hochgenuß:
"Die wachs'n auf'n Stauf'n, in die Schlucht'n,"
Sagt sie und hebt voll Finderstolz ihr Körbchen.
 Ich hätte seinen Inhalt gern erworben;
Er war verkauft. Vom Berge kam die Frau,
Nach langem Tagewerke, war hungrig jetzt,
Ein wenig müd' und sehnte sich nach Hause.
"Es warten Eure Kinder", meinte ich,
"Und Enkel dort auf Euch."
    "Auf mi wart' koa's,
I bin alloa," gab sie zerstreut zurück,

Und mit der Rechten ihre Augen deckend,
Sah in die Sonne sie, die goldig flutend
Soeben hinter Bergeshöh'n versank.
  "Da schaug'ns hin, zum Zwisl schaug'ns hin,
Da bin i morg'n um die Zeit scho g'west
Gon Ab'nd hoaßt's zur Alm no auffikrabin,
Im Heubüh drob'n schlaft ma woltern guat
Und fruh um zwoa geht's ani scho' in d'Staud'n."
  Und wieder lag auf ihrem greisen Antlitz
Das Kinderlächeln, das mich gleich bezwang,
Als sie nun sprach von ihren Wanderungen
Im Morgendämmer und beim Sonnenaufgang,
Durch Waldesdunkel, durch das Felsgeklüft,
Und drob so Müdigkeit vergaß, wie Hunger.
Ein Jäger nur erzählt mit solcher Freude
Von seinen Abenteuern auf der Pirsch,
Wie von den ihren sie "beim Erber-Brocken."
  Mit stillem Neide horcht' ich. Aus der Not
Nicht eine Tugend nur, auch Glück zu machen,
Das ist die allerhöchste Lebenskunst.
Ihr freilich mag sie leicht geworden sein,
Der schlichten, alten Freundin der Natur,
In diesem Dasein, halb im Traum geführt,
Dem Kampf der Welt entrückt, von Leiden frei.
  "G'sund bin i, Gott sei Dank!" schloß sie vergnügt,
Und zwinkert' nach den glutumsäumten Bergen
Voll Liebe hin, "und hon aa' koani Sorg'n."
"Im Sommer, doch wie sieht's im Winter aus?"
"Mit Gottes Gnad', an diem, a bissl wiescht,
Ma hofft halt immer, daß bal' Frühling wird.
An Oaschicks bringt ihm scho' so kloanweis furt."
"Das ist der Trost der Einsamen", sagt' ich,
"Wie Ihr es seid, vielleicht von jeher wart?"
  Gutmütig, heit'ren Spotts zuckt sie die Achseln.

Ob meines Irrtums. "Na, von jeher nit,
I hon amal a schön's A'wes'n g'heit,
An braven Mo', fünf Kinder – ja amal!"
"Fünf Kinder? Hab' und Gut? Und steht allein
Und arm jetzt in der Welt? ... Wie ging das zu?"
"No, schiefri ebba. s' Unglück hat uns hoamg'sucht,
Verbrunnen san mer aa'" gab sie zur Antwort
Und schien zu denken: Ei, was kümmert's dich?
Doch mählich eines Bessern sich besinnend,
Hob leise seufzend sie von neuem an:
"Vor dreizehn Jahren, – wartens – na, vor achtzehn,
Ja wirkli, achtzehn – wie die Zeit vergeht!
Da is bei uns das großi Feuer g'west.
In d' Tenna ei'gschlag'n hat der Blitz vom Himmi –
Und voll mit Troad wie's war, so is verbrunnen,
Und aa' der Mo', sex Küh', zwoa Kinder, all's
Verbrunna."
    "Wie? Verbrannt?!"
        "Ja, ja, verbrennt.
Mi selba hat der Nachbar no am Zopf
Der damal armsdick war – wer möcht' dees glaub'n? –
Herauszerrt aus die licht'r loh'n Flammen.
Die Gloabiger hon si' den Grund biholten,
Und wiar i gang'n, wiar i g'stand'n bin,
So bin i von der Brandg'stätt weiterzog'n."
    "Mit Euren Kindern?"
        "Jo, mit denen drei,
Die übri blieb'n san, zwoa Diendln und
An kloan'n Bueb'n," entgegnet sie gelassen.
    "Und dann? Wie habt Ihr dann Euch fortgeholfen?"
    Sie hob den Kopf empor: "No, ehrli halt.
Viel g'arbeit, viel, und aa' a biß'l bet',
A bißl nur, denn damaln, wissens Frau,
Da war i bös mit unsern lieben Herrgott,

Und bin's aa' blieben no a lange Weil',
Denn oans vo meini Diendl is schlecht g'rat'n
Und leit da drauß'n vor der Kirchhofmauer,
I mach en Umweg, mueß i dort vorbi."
   "Die Zweite aber? – die?"
   "Die hat an Bauern,
In Hammerau, an reich'n, is versorgt."
   "Und sorgt für ihre Mutter, will ich hoffen."
   "Für mi? Was denken's denn? Si hat den Mo',
Hat ihm ins Haus koan roti Heller bracht
Und wird aa' koanen 'naustrag'n – dees hoff' i!"
   "Und Euer Sohn?"
   "Seidat war'r, Schandarm ...
I sag, er war, jetzunder is er tot,
Erschoss'n von die Pascher an der Grenz'.
Im letzten Hirgscht hon i die Nachricht kriegt."
   Sie sprach es langsam, leise, unbewegt,
Sann nach ein Weilchen; wie ein Lichtstrahl flog's
Erhellend freudig über ihr Gesicht.
"Der is mit mir gar oft in d' Erdber' ganga
Wier er a Bua no war und später aa',
Der hat die Berg so guat gekennt, wiar i."
   Sie blickte in die Weite ganz verklärt
Vom sanften Glück des lieblichsten Erinnerns,
Und wandt' zum Gehen sich mit kurzem Gruß.
Doch plötzlich hielt sie an. Die lichten Augen
Erglänzten wild und stoben Zornesfunken.
An uns vorbeigeschritten kam ein Knabe,
Der in der Hand ein Schüßlein voll mit Beeren,
Armselgen, halbgereiften trug. – "Du Lump,"
Rief ihm die Alte zu, "kannst's nit derwart'n,
Daaß d' Erdber rot wer'n, muaßt di greani rupf'n?"
   Mit hocherhobner Faust bedroht sie ihn,
Und ein gewaltig Fluchwort flog ihm nach,

Als schleunig er und still die Flucht ergriff.
Dann aber ganz erregt vor Schmerz und Grimm
Sprach sie: "Dees is mei' allerirgster Kumma,
Wenn's d' Erdber' brock'n u'reif und kloanleizi
Ma mirkt's ja deutli, 's tuat der Pflanzen weh.
Sie wehrt si drum, was sie nur ko', die Armi,
Just wier a Muatta um ihr liebis Kind,
Do' wenn die Frucht erst zeiti wor'n is,
Geits 's geduldi her; no jo, sie hat
Das ihre redli' to', und denkt ihm halt:
Jetz' werst der endli aa dein Frieden gunna."
   Da stockte sie und sah mich fragend an,
Bestürzt beinah ob dieser Worte Sinn,
Der dämmernd nur ihr zum Bewußtsein kam,
   "Wo wohnen's?" sprach sie hastig.
"In Sankt Zeno."
   "Da kimm i lei' an nächst'n Sunnta hin,
Und Erber' bring' i Ihna, solchi habens
No niemal koana gsegn. Bfüt' Ihna Gott!"

Sommermorgen

Marie von Ebner-Eschenbach

Auf Bergeshöhen schneebedeckt
Auf grünen Hügeln weitgestreckt
Erglänzt die Morgensonne;
Die tauerfrischten Zweige hebt
Der junge Buchenwald und bebt
Und bebt in Daseinswonne.

Es stürzt in ungestümer Lust
Herab aus dunkler Felsenbrust
Der Gießbach mit Getose,
Und blühend Leben weckt sein Hauch
Im stolzen Baum, im nied'ren Strauch,
In jedem zarten Moose.

Und drüben wo die Wiese liegt,
Im Blütenschmuck, da schwirrt und fliegt
Der Mücken Schwarm und Immen.
Wie sich's im hohen Grase regt
Und froh geschäftig sich bewegt,
Und summt mit seinen Stimmen!

Es steigt die junge Lerche frei
Empor gleich einem Jubelschrei
Im Wirbel ihrer Lieder.
Im nahen Holz der Kuckuck ruft,
Die Amsel segelt durch die Luft
Auf goldenem Gefieder.

O Welt voll Glanz und Sonnenschein,
O rastlos Werden, holdes Sein,
O höchsten Reichtums Fülle!
Und dennoch, ach – vergänglich nur
Und todgeweiht, und die Natur
Ist Schmerz und Schönheitshülle.

Anmerkungen zu Kapitel 1:
1) vgl. Ebner-Eschenbach, Marie von: Tagebücher. Hrsg. von Konrad v. Polheim. Bd 3. - Tübingen 1993. Eintrag vom 24. Juni 1883, S. 323. Die Tagebücher werden Im Folgenden abgekürzt zitiert: Ebner-Eschenbach, Marie, TB, Bandangabe, Datum des Eintrags, Seitenangabe.

2) vgl. Bietak, Wilhelm: Marie von Ebner-Eschenbach. Zu ihrem 50. Todestag am 12. März 1966. - In: Österreich in Geschichte und Literatur (ÖGL) 10.1966, S. 482-500, Zitat S. 483.

3) vgl. Ebner-Eschenbach, Moriz von: Erinnerungen des k. k. Feldmarschall-Lieutenants. (Auszug). Hrsg. v. Edda Polheim. - Berlin 1994 (= Deutsche Bibliothek des Ostens bei Nicolai), S. 155 ff. Zum Verhältnis zwischen Joseph Ritter von Weilen und Kronprinz Rudolf vgl. Hamann, Brigitte: Rudolf. Kronprinz und Rebell. - Wien (usw.) 1978, S. 230 und S. 234.

4) vgl. Bietak, Marie von Ebner-Eschenbach, 1966, S. 486 und S. 489.

5) vgl. Paoli, Betty: Was hat der Geist denn wohl gemein mit dem Geschlecht? - Wien 2001.

6) vgl. Schmid-Bortenschlager, Sigrid.: Der Verein der Schriftstellerinnen und Künstlerinnen in Wien. 1885-1938. - In: Jahrbuch der Universität Salzburg 1981-1983, Salzburg 1984, S. 124.

7) vgl. Ebner-Eschenbach, Marie, TB, Bd 4, 13. Mai 1893, S. 215.

8) vgl. Ebner-Eschenbach, Marie, TB, Bd 3, 1884, Anhang, S. 447.

9) vgl. Schönfeldt, Sybil Gräfin: Marie von Ebner-Eschenbach. - Stuttgart 1997, S. 32.

10) vgl. Ziller, Leopold: Vom Fischerdorf zum Fremdenverkehrsort. Geschichte von St. Gilgen am Aber-(Wolfgang-)See. Bd 1.2. - St. Gilgen 1973.

11) vgl. ebda., Bd 1, S. 94 ff, S. 211 ff. und S. 204 ff.

12) vgl. ebda., Bd 2, S. 42.

13) vgl. ebda., Bd 2, S. 94/95.

14) vgl. Frisch, Karl von: Fünf Häuser am See. Der Brunnwinkl. Werden und Wesen eines Sommersitzes. - Berlin (usw.) 1980, S. 51/52.

15) vgl. ebda., S. 16 ff.

16) vgl. Ziller, Geschichte von St. Gilgen, Bd 2, S. 48 ff. und S. 62 ff.

17) vgl. Frisch, Karl, fünf Häuser am See, S. 16 und S. 18. **Anm.:** Karl von Frisch schildert, dass Maria Achleitner, die hochverschuldete Besitzerin des Mühlhauses im Brunnwinkl, zu Marie von Frisch kam und sie auf Knien anflehte, ihr das Mühlhaus abzukaufen. Im Jahre1882 erwarben Anton und Marie von Frisch das Mühlhaus mit dem Grundstück um 3.000 Gulden.

Anmerkungen zu Kapitel 2:
1) **Anm.:** Der Vorwurf bezieht sich ausschließlich auf Marie Ebners Tagebucheintrag vom 16. November 1867 (Böse Kritik des Geständnis". Die "Politik", ein czechisches Blatt, hat sie gebracht. Moriz nimmt die Sache doch mir ein wenig übel ... "Du trägst meinen Namen, ich will ihn nicht auf solche Weise verunglimpft sehen". - Er hat das Recht so zu sprechen, ich sehe es ein) und auf den Eintrag vom 4. April 1873 (Moriz sprach mit mir, nicht bös, nicht aufgeregt. Aber er sagte doch: Wenn meine Vorstellungen und Bitten dich nicht abhalten für die Bühne zu schreiben, werde ich es dir verbieten. Ob ich aber gehorchen kann?).

2) vgl. Coupek, Milan: Aus der Geschichte der Geschlechter Dubsky von Třebomyslic und Ebner von Eschenbach. Beilage: Stammbaum der Geschlechter. - In: Marie von Ebner-Eschenbach. Ein Bonner Symposion zu ihrem 75. Todesjahr. Hrsg. v. Karl Konrad Polheim. - Bern (usw.) 1994, S. 26.

3) vgl. Ebner-Eschenbach, Marie, TB, Bd 5, S. 146. Anm.: Franz Josef I. gewährte Marie Ebner-Eschenbach am 25. Mai 1899 anlässlich der Verleihung des Ehrenzeichens für Kunst und Wissenschaft an sie eine Audienz. Dabei erklärte der Kaiser, dass sie die zweite Frau sei, die diese Auszeichnung erhalte. Die erste Frau, an die er das Ehrenzeichen verliehen habe, sei die Königin von Rumänien. (Die unter dem Namen Carmen Sylva ebenfalls dichtende Elisabeth Prinzessin zu Wied - Anm. der Verf.)
Diese Aussage steht im Gegensatz zu der in der Marie-Ebner-Eschenbach-Forschung vertretenen Auffassung, sie sei die einzige Frau gewesen, die in der österreichisch-ungarischen Monarchie diese hohe Auszeichnung erhalten habe.

4) vgl. Vesely, Jiri: Tagebücher legen Zeugnis ab. Unbekannte Tagebücher der Marie von Ebner-Eschenbach. - In: ÖGL 15.1971, Folge 4, S. 211-241, Zitat S. 211.

5) vgl. ebda., S. 212.

6) vgl. Ebner-Eschenbach, Marie, TB , Bd 3, S. 706 und S. 712. Im Anhang des Tagebuchs für das Jahr 1887 erscheint zum ersten Mal eine Parabel in zwei Textvarianten, die Marie Ebner einmal auf eine Begegnung mit einer Einheimischen in Reichenau (S. 712) zurückführt, bei der sie sich aber gleichzeitig an eine St. Gilgner Bäuerin im Mai 1887 zu erinnern meint (S. 706). Da Marie Ebner 1889 zum ersten Mal St. Gilgen besucht hat, im Juni und Juli 1887 aber in Reichenau war und in der Ausgabenübersicht über den Reichenauer Aufenthalt am 12. Juni ein an eine Bäuerin verschenkter Gulden verbucht ist, wird sich der Vorfall in Reichenau ereignet haben:
Eine Dame schenkt einer armen Frau 1 fl. Die Frau bringt das Geld nachhause, Mann - in Holzknecht - brummt, meint aber dann er wolle mit dem Gulden seine Schuld im Wirtshause bezahlen. Die Frau hingegen braucht eine neue Sichel, die soll von dem Gulden gekauft werden. Sie streiten, sie werden handgemein, der Mann schleudert das Weib an die Wand, sie stürzt und bricht sich eine Rippe. Die Tochter läuft um den Doktor, er kommt bringt die Frau zu Bette, macht Umschläge, trifft seine Anordnungen u. fordert als Honorar einen Gulden. Jesses sagt der Mann, welches Glück, daß wir den zufällig grad im Haus haben!"
Diese Parabel vom geschenkten und wiederverlorenen Gulden erscheint in der Nymphenburger Werke-Ausgabe von 1960/61 (Band 9, Seite 128) unter dem Titel „Aus einem zeitlosen Tagebuch. St. Gilgen" und bietet ein anschauliches Beispiel dafür, dass es eigentlich unmöglich ist, einen einzigen Ort und einen genauen Zeitpunkt für die Entstehung eines Textes festzulegen.

Anmerkungen zu Kapitel 3:

1) vgl. Coupek, Milan: Aus der Geschichte der Geschlechter Dubsky von Třebomyslic und Ebner von Eschenbach. - In: Marie von Ebner-Eschenbach. Ein Bonner Symposion zu ihrem 75. Todesjahr, Bern (usw.) 1994, S. 15-26, Zitat S. 15.

2) vgl. Mann, Golo: Die böhmische Revolution. - In: Propyläen-Weltgeschichte, Bd 7, 1986, S.154-169, Zitat S.167.

3) vgl. ebda., S. 168/169.

4) vgl. Coupek, Milan, aus der Geschichte der Geschlechter Dubsky von Třebomyslic und Ebner von Eschenbach, S. 16-19.

5) vgl. ebda., a. a. O.

6) vgl. Ebner-Eschenbach, Moriz von: Erinnerungen des k. k. Feldmarschall-Lieutenants.(Auszug). Hrsg. v. Edda Polheim. - Berlin 1994 (= Deutsche Bibliothek des Ostens), S. 55/56.

7) vgl. Wurzbach, Constant von: Biographisches Lexicon des Kaiserthumes Oesterreich, enthaltend die Lebensskizzen der denkwürdigen Personen, welche seit 1750 in den oesterreichischen Kronländern geboren wurden oder darin gelebt und gewirkt haben. Bd 51. Wien 1884, S. 120-123.

8) vgl. Klostermaier, Doris M.: Marie von Ebner-Eschenbach. The Victory of a Tenacious Will. - Riverside, California 1997, S. 3.

9) vgl. Wurzbach, Constant, biographisches Lexikon, Bd 51, S. 120-123 sowie Bd 11, S.20/21.

10) vgl. Ebner-Eschenbach, Marie von: Meine Kinderjahre. - In: Marie von Ebner-Eschenbach. Ausgewählte Werke mit einer Darstellung des Lebens und des Schaffens der Dichterin, veranstaltet von einer Arbeitsgemeinschaft unter Leitung v. Josef Lackner. - Linz 1947 (= Die literarische Perlschnur.17), S. 670.

11) vgl. Ebner-Eschenbach, Marie, meine Kinderjahre, 1947, S. 682-689 , S. 714 und S. 719.

12) vgl. Ebner-Eschenbach, Marie: Komtesse Paula. In: Erzählungen von Marie Ebner-Eschenbach. Bd 2. - Berlin: Paetel 1905, S. 415 /416.

13) vgl. Ebner-Eschenbach, Marie, meine Kinderjahre, 1947, S. 670, S. 682-689 und S. 714.

14) vgl. Referat von Helma Halva-Denk am 13. April 1991 beim 3. Seminar für "Südmährische Kultur und Vereinsarbeit" in Strebersdorf (NÖ.) -
Internet, "www.suedmaehren.de/bedeutendesuedm/body bedeutendesuedm.html"

15) vgl. Ebner-Eschenbach, Moriz, Erinnerungen des k. k. Feldmarschall-Lieutenants, 1994, S. 60 und S. 33.

16) vgl. Ebner-Eschenbach, Marie, TB, Bd 3, 1897, Anhang, S. 723.

17) Anm.: Die Kosten ihres dreiwöchigen Kuraufenthaltes im Juni/Juli 1887 in Reichenau machten 260 Gulden aus, so viel wie eine Monatspension ihres Mannes. Vgl. Ebner-Eschenbach, Marie, TB, Bd 3, 1897, Anhang, S. 721/722.

18) vgl. Mitterhofer, Bettina: Moritz Ebner von Eschenbach. Erfinder und Literat. Ein Mann im Schatten seiner Frau. - Wien 1986, 209 S. Wien, Univ., phil. Diss. 1986, Zitat S. 43.

19) vgl. Ebner-Eschenbach, Marie, TB, Bd 4, 18. April 1896 und 8. November 1896, S. 311 und S. 163.

20) vgl. Ebner-Eschenbach, Marie, TB, Bd 4, 10. Juni 1896 und 19. Juni 1896, S. 322 und S. 325.

21) vgl. Mitterhofer, Moritz Ebner von Eschenbach, 1986, S. 46.

22) vgl. Ebner-Eschenbach, Marie, TB, Bd 3, 20. Dezember 1882, S. 264.

23) vgl. Ebner-Eschenbach, Moriz, Erinnerungen des k. k. Feldmarschall-Lieutenants, 1994, S. 195.

Anmerkungen zu Kapitel 4:
1) vgl. Mitterhofer, Bettina: Moritz Ebner von Eschenbach. Erfinder und Literat. Ein Mann im Schatten seiner Frau. - Wien 1986, 209 S. Wien, Univ., phil. Diss. 1986. S. 8.

2) vgl. ebda., S. 9.

3) vgl. ebda., S. 11.

4) vgl. ebda., S. 12.

5) vgl. ebda., S. 13.

6) vgl. Österreichisches Staatsarchiv - Kriegsarchiv Wien. Nachlass Moritz Ebner von Eschenbach B/1118 Mikrofilmrolle (zitiert im Folgenden: MFR)1. Teil I. Bog. 116 - 121, zit. nach Mitterhofer, Moritz Ebner von Eschenbach, 1986, S. 180 ff.

7) vgl. Mitterhofer, Moritz Ebner von Eschenbach, 1986, S. 46.

8) vgl. ebda., S. 36/37.

9) vgl. ebda., S. 31.

10) vgl. MFR III. Teil IV. Bog. 16, zit. nach Mitterhofer, Moritz Ebner von Eschenbach, 1986, S. 186.

11) vgl. ebda., S. 9.

12) vgl. Ebner-Eschenbach, Moriz, Erinnerungen des k. k. Feldmarschall-Lieutenants, 1994, S. 193.

13) vgl. Anton Bettelheim in: Neue Österreichische Biographie 1815-1918. Zweite Abteilung. Bibliographie zur Neuen Österreichischen Biographie. Hans Bohatta (Hsg.) - Zürich (usw.)1925. S.11/12. Zugl. Vortrag vom 24.01.1924 im Verein der Freunde der Wiener Nationalbibliothek.

14) vgl. ebda., S.12.

Anm.: Elisabeth Lebensaft und Hubert Reitterer gehen in ihrer Publikation "Wurzbach-Aspekte. Wien 1991. Österreichisches Biographisches Lexikon = Sonderabdruck aus Wiener Geschichtsblätter 47 (1992), Heft 1" nicht auf die Entlassung Wurzbachs ein. Sie sprechen vielmehr von einer 1874 erfolgten Freistellung vom Dienst zur Vollendung seines Lexikons, ohne die Frage zu behandeln, ob diese Freistellung unter Fortzahlung der Bezüge erfolgte, eine vorzeitige Pensionierung des damals 58-Jährigen war oder ob das Wort Freistellung ebenso euphemistisch gebraucht wird wie heute Kündigungen mit Freisetzung umschrieben werden. Mag Bettelheim auch bei der Unterstützung durch die Akademie der Wissenschaften geirrt haben, hinsichtlich der persönlichen Alimentation Wurzbachs ist ihm eher zu folgen als den Autoren. Auch wenn Wurzbach dem Ehepaar Ebner-Eschenbach in seinen politischen Anschauungen geistesverwandt war, pflegten Moriz und Marie vor Interventionen - hier sogar unter Einschaltung ihres Bruders und Schwagers Adolf Dubsky - genaue Erkundigungen einzuziehen. Die Auslassungen Wurzbachs in seinem Dankesbrief dürften somit nicht aus der Luft gegriffen sein.

15) vgl. Ebner-Eschenbach, Moriz, Erinnerungen des k. k. Feldmarschall-Lieutenants, 1994, S. 153/154.

16) vgl. Mitterhofer, Moritz Ebner von Eschenbach, 1986, S. 35/36.

17) vgl. Ebner-Eschenbach, Moriz, Erinnerungen des k. k. Feldmarschall-Lieutenants, 1994, S. 24/25.

18) vgl. Mitterhofer, Moritz Ebner von Eschenbach, 1986, S. 39.

19) vgl. ebda., S. 41.

20) vgl. ebda., S. 46.

21) vgl Ebner-Eschenbach, Marie, TB, Bd 3, 1. Mai 1887, S. 657.

22) vgl. Ebner-Eschenbach, Marie, TB, Bd 4, 17. April 1896, S. 311.

23) vgl. Ebner-Eschenbach, Marie, TB, Bd 4, 13. April 1896, S. 310.

24) vgl. Ebner-Eschenbach, Marie, TB, Bd 4, 4. Oktober 1896, S. 344.

25) vgl. Staatsarchiv Opava (Troppau). Kt 37 Nachtragskodizil, zit. nach Mitterhofer, Moritz Ebner von Eschenbach, 1986, S. 47.

Anmerkungen zu Kapitel 5:
1) vgl. Mahal, Günther: Josef Viktor von Scheffel. - Karlsruhe 1986, S. 47 ff.

2) vgl. ebda., a. a. O.

3) vgl. Ziller, vom Fischerdorf zum Fremdenverkehrsort, Bd 2, 1973, S. 81 sowie Langenkamp, Anne: Josef

Victor von Scheffel. Zeichnerische Impressionen eines Dichters und Wanderers. Begleitschrift zur Ausstellung im Stadtmuseum Radolfszell vom 26. September bis 30. November 1997 und im Museum für Literatur am Oberrhein, Karlsruhe vom 16. Januar bis 28. Februar 1998. - Karlsruhe 1997, S. 40/41.

4) vgl. Scheffel, Josef Viktor von: Bergpsalmen. Dichtung von Josef Victor von Scheffel. Bilder von Anton Werner. 2. Aufl. - Stuttgart 1873.

5) vgl. Ziller, vom Fischerdorf zum Fremdenverkehrsort, Bd 2, 1973, S. 82/83.

6) Anm.: Im Jahre 1926 musste Anton Breitner aus finanziellen Gründen sein Scheffelmuseum an den Deutschen Scheffelbund verkaufen. Die Bestände wurden auf die Burg Hohentwiel in Schwaben verbracht. Die schriftlichen Bestände des ehemaligen Mattseer Scheffel-Museums befinden sich derzeit im Museum für Literatur am Oberrhein in Karlsruhe. Der Nachlass von Anton Breitner wird im Archiv der Stadt Salzburg bearbeitet.

7) vgl. Ebner-Eschenbach, Marie: Aphorismen. Aus einem zeitlosen Tagebuch. Altweibersommer. Parabeln und Märchen. - München 1960/61, S. 127 (= Ebner-Eschenbach, Marie von: Gesammelte Werke in neun Bänden. Bd 9.)

8) vgl. Ebner-Eschenbach, Marie, TB, Bd 3, 4. Mai 1886, S. 575.

9) vgl. Ebner-Eschenbach, Marie, TB, Bd 5, 1. September 1898, S. 46.

10) vgl. Ebner-Eschenbach, Marie, TB, Bd 3, 7. Juli 1889, S. 763.

11) vgl. Scheffelbund. - Jahresbericht der Abteilungen Österreich und Deutschland für das Vereinsjahr 1891. Salzburg 1891, S. 52. - Archiv der Stadt Salzburg, Nachlass Anton Breitner.

12) vgl. Scheffelbund. - Jahresbericht der Abteilungen Österreich und Deutschland für das Vereinsjahr 1893. Hrsg. v. August Ferdinand Maier unter Mitwirk. des Ausschusses der österreichischen Abteilung. Stuttgart 1893, S. 4. - Archiv der Stadt Salzburg, Nachlass Anton Breitner.
Vgl. auch Ebner-Eschenbach, Marie, TB, Bd 4, 26. Jänner 1893, S. 197.

13) vgl. eine von Marie Ebner-Eschenbach beschriebene Visitenkarte, datiert: St. Gilgen, 11. Oct(ober) (18)98. Archiv der Stadt Salzburg, Nachlass Anton Breitner. Vgl. auch Ebner-Eschenbach, Marie, TB, Bd 4, 10. Oktober 1898, S. 53.

14) vgl. Briefe von Theodor Billroth. Hrsg. v. Theodor Fischer. 9. Aufl. - Hannover 1922, S. 405.

Anmerkungen zu Kapitel 6:
1) vgl. Hamann, Brigitte: Rudolf. Kronprinz und Rebell. - Wien 1978, S. 230.

2) vgl. Zintzen, Christiane: Das Kronprinzenwerk. - In: Kunst und Kultur in Österreich. Das 20. Jahrhundert. Hrsg. v. Barbara Denscher. - Wien 1999, S. 15.

3) vgl. Ebner-Eschenbach, Marie, TB, Bd 3, 29. Oktober 1884, S. 432.

4) vgl. Ebner-Eschenbach, Marie, TB, Bd 3, Anhang, April 1885, S. 535. Der Eintrag lautet: Weilen hatte die Unterschriften des Kronprinzenpaars für das Betty-Paoli-Album erwirkt. "Nun", sagt der Kronprinz zu ihm, "wir haben unterschrieben für die Ebner. Wie alt wird sie? 70? 80? 90? Kaiserliche Hoheit haben nicht für die Baronin Ebner, sondern für Betty Paoli unterschrieben! Betty Paoli - so? Wer ist denn das?"

5) vgl. Ebner-Eschenbach, Moriz, Erinnerungen des k. k. Feldmarschall-Lieutenants, 1994, S. 31/32.

6) vgl. ebda., S. 32.

7) vgl. Ebner-Eschenbach, Marie, TB, Bd 4, 5. März 1893, S. 204.

8) vgl. Ebner-Eschenbach, Marie, TB, Bd 4, 10. April 1893, S. 210.

9) vgl. Ebner-Eschenbach, Marie, TB, Bd 4, 29. März 1897, S. 397.

10) vgl. Ebner-Eschenbach, Marie, TB, Bd 4, 31. März 1897, S. 397.

11) vgl. Ebner-Eschenbach, Marie, TB, Bd 5, 29. Jänner 1898, S. 6.

12) vgl. Ebner-Eschenbach, Marie, TB, Bd 5, 12. September 1898, S. 48.

13) vgl. Ebner-Eschenbach, Marie, TB, Bd 5, 2. Dezember 1898, S. 72.

14) vgl. Die Habsburger. Ein biographisches Lexikon. Hrsg. v. Brigitte Hamann. - Wien 1988, S. 268.

15) vgl. Ebner-Eschenbach, Marie, TB, Bd 5, 25. Mai 1899, S. 146.

16) vgl. Ebner-Eschenbach, Marie, TB, Bd 5, 21. August 1899, S. 157.

17) vgl. Ebner-Eschenbach, Marie, TB, Bd 5, 25. August 1899, S.157.

18) vgl. Kapeller, Andreas: Hotel de l'Europe. Salzburgs unvergessenes Grandhotel. - Salzburg 1997. (= Kulturgut der Heimat. Sonderband im Rahmen der Schriftenreihe des Stadtvereines Salzburg), S.70.

19) vgl. "Die Kaisertage in Salzburg". - Sonderausgabe des "Salzburger Volksblatts" am 15. Juli 1901.

20) vgl. Interview von Edmund Hellmer in Salzburg mit der "Neuen Freien Presse", abgedruckt in der "Salzburger Zeitung" Nr. 161 vom 17. Juli 1901, S. 5.

21) vgl. "Die Kaisertage in Salzburg". - Sonderausgabe des "Salzburger Volksblatts",15. Juli 1901, S. 2.

22) Anm.: In einem Interview der "Neuen Freien Presse" mit Edmund Hellmer in Salzburg wird zum ersten Mal Marie Ebner-Eschenbach als Verfasserin des Widmungsverses erwähnt.

23) Brief von Emilie Exner vom 16. Aug(ust) (19)01 aus St.Gilgen an Marie Ebner-Eschenbach . - Wiener Stadt- und Landesbibliothek, Handschriftenabteilung, I.N. 81.082 und 58.702 / Nr. 38-41. Im Folgenden abgekürzt: WStLB, Hss, I(nventar)N(ummer), Briefnummer.

24) vgl. Brief von Sigmund Exner aus Nemes Kola vom 10. September (19)10 an Marie Ebner-Eschenbach. - WStLB, Hss, IN 61.028 sowie Ebner-Eschenbach, Marie, TB, Bd 6, 4. September 1910, S. 228.

25) vgl. Ebner-Eschenbach, Marie, TB, Bd 3, 29. November 1881, S. 165.

26) vgl. Ebner-Eschenbach, Marie, TB, Bd 4, 10. Juli 1891, S. 139.

27) vgl. Brief der Redaktionsleiterin Elisabeth Heydemann-Möhring vom 15. August (19)12 aus Berlin an Hermine Villinger in Karlsruhe. Landesbibliothek Karlsruhe, Handschriftenabteilung, Nachlass Hermine Villinger, Signatur K 1858.
Anm.: Der vollständige Titel der Zeitschrift lautet: "Unser Weg. Amtliches Organ der Hauptstelle für Mutter- und Säuglingsfürsorge in Großberlin, der Preußischen Landeszentrale für Säuglingsschutz, des Verbandes für Säuglingsfürsorge in Frankfurt am Main, der Provinzialhauptstelle für Säuglingsschutz der Provinz Sachsen".

28) vgl. Ebner-Eschenbach, Marie, TB, Bd 4, 2. Februar 1890, S. 9.

29) vgl. Ebner-Eschenbach, Marie, TB, Bd 4, 6. Februar 1890, S. 9.

Anmerkungen zu Kapitel 7:

1) vgl. Ebner-Eschenbach, Marie, TB, Bd 3, 2. Juni 1889, S. 755.

2) vgl. Ebner-Eschenbach, Marie,TB, Bd 4, 30. Mai 1891, S. 130.

3) vgl. Ebner-Eschenbach, Marie, TB, Bd 4, Anhang, Juni 1893, S. 270.

4) vgl. Ebner-Eschenbach, Marie,TB, Bd 3, 2. Juni 1889, S. 756.

5) vgl. Ebner-Eschenbach, Marie, TB, Bd 3, Anhang, Juni 1889, S. 803.

6) vgl. Ebner-Eschenbach, Marie, TB, Bd 3, 19.Juli 1889, S.766.

7) vgl. Ebner-Eschenbach, Marie, TB, Bd 3, 30. Juli 1889, S.768.

8) vgl. ebda., a. a. O.

9) vgl. Ebner-Eschenbach, Marie, TB, Bd 3, 2. Juni 1889, S. 756.

10) vgl. Ebner-Eschenbach, Marie, TB, Bd 3, 17. Februar 1890 und 27. Mai 1890, S. 11 und S. 31.

11) vgl. Ebner-Eschenbach, Marie, TB, Bd, 4, 9. März 1891, S. 110.

12) vgl. Ebner-Eschenbach, Marie, TB, Bd 4, 3. Mai 1891, S. 124,
sowie 6. Mai, 10. Mai und 13. Mai 1891, S. 125-127.

13) vgl. Ebner-Eschenbach, Marie, TB, Bd 4, 1. Juni und 2. Juni 1891, S. 131.

14) vgl. Ebner-Eschenbach, Marie, TB, Bd 4, 19. Mai 1893, 20. Mai 1893, 1. Juni 1893 und 9. Juni 1893,
S. 216, S. 219 und S. 221. Vgl. auch Ziller, vom Fischerdorf zum Fremdenverkehrsort, Bd 2, 1973, S.85.
Der Eintrag vom 1. Juni 1893 lautet: Ich wohne im zweiten Stock bei Fleischls, bin gar gut untergebracht ...

15) vgl. Ziller, vom Fischerdorf zum Fremdenverkehrsort, Bd 2, 1973, S. 84.
Anm.: Eintragungen zum Einzug in die Villa Kotzian sind nicht vorhanden, weil der Tagebuch-Jahrgang 1894
fehlt. In einem an Betty Paoli gerichteten Brief schreibt Marie Ebner-Eschenbach aus St. Gilgen, dass sie und
Ida sich am Morgen von Balkon zu Balkon zurufen können. Von der Hausnummer 2 zur Hausnummer 4
in der Ischler Straße ist dies gut vorstellbar.

16) vgl. Ziller, vom Fischerdorf zum Fremdenverkehrsort, Bd 2, 1973, S. 126.

17) vgl. Ebner-Eschenbach, Marie , TB, Bd 4, 1896, Anhang, S. 372.

18) vgl. Ebner-Eschenbach, Marie, TB, Bd 4, 1891, Anhang, 1893, Anhang und 1897,
Anhang, S. 84, S. 371, S. 373 und S. 454/455.

19) vgl. ebda., a. a. O.

20) vgl. ebda., a. a. O.

21) vgl. Ebner-Eschenbach, Marie, TB, Bd 3, 1889, Anhang, Eintrag vom 1. August, S. 813.

22) vgl. Ebner-Eschenbach, Marie, TB, Bd 4, 25. Juni 1890, S. 38.

23) vgl. Ebner-Eschenbach, Marie, TB, Bd 4, 23. Juni 1891, S. 135.

24) vgl. Ebner-Eschenbach, Marie, TB, Bd 4, 9. Mai 1898, S. 26.

25) vgl. Ebner-Eschenbach, Marie, TB, Bd 3, 17. Juni 1889, S. 759 sowie Bd 4, 9. Juni 1890 und 14. Juni 1896,
S. 34 und S. 323. Der Eintrag vom 14. Juni 1896 im Wortlaut: Vormittag Regen, der Himmel aschgrau, eine
Alpenkette von schweren Wolken. Aber der alte Wastl im Armenhaus sagte: "Mocht nix, wird schen!"
Und behielt recht.

26) vgl. Ebner-Eschenbach, Marie, TB, Bd 4, 30. Juni 1891, S. 137.

27) vgl. Ebner-Eschenbach, Marie, TB, Bd 4, 31. Juli 1893, S. 234.

28) vgl. Ebner-Eschenbach, Marie, TB, Bd 3, 20. Juni und 4. August 1889, S. 759 und S. 769.

29) vgl. Ebner-Eschenbach, Marie, TB, Bd 4, 17.-19. Juli 1893, S. 230/231.

30) vgl. Ebner-Eschenbach, Marie, TB, Bd 4, 12. Juli 1891, S. 139.

31) vgl. Ebner-Eschenbach, Marie, TB, Bd 4, 6. August 1893, S. 236.

32) vgl. Ebner-Eschenbach, Marie, TB, Bd 4, 7. Juni 1896, S. 322.

33) vgl. Ebner-Eschenbach, Marie, TB, Bd 4, 17. Juni 1891, S. 134.

34) vgl. Ebner-Eschenbach, Marie, TB, Bd 3, 4. August 1889, S. 769.

35) vgl. Ebner-Eschenbach, Marie, TB, Bd 4, 17. Juni 1896, S. 324.

36) vgl. Ebner-Eschenbach, Marie, TB, Bd 4, 2. September 1893, S. 242.
Anm.: Josef Pochlin war von 1898 bis 1901 Bürgermeister von St. Gilgen.
Marie von Ebner-Eschenbach mochte den aus Krain stammenden Tischlermeister und seine Familie. Sie spürte, dass ein Teil der Gilgner Bevölkerung eine Neidgenossenschaft gegen ihn pflegte, weil er von auswärts kam. In der Zeit, in der sie nicht mehr nach St. Gilgen fuhr, korrespondierte sie mit ihm (vgl. TB, Bd 5, 2. Jänner 1899, S. 104). Im Mährischen Landesarchiv Brünn befindet sich ein Brief von Josef Pochlin aus dem Jahr 1898 an Marie Ebner-Eschenbach (vgl. Coupkova-Hamernikova, Anna, der schriftliche Nachlass der Marie von Ebner-Eschenbach im Familienarchiv Dubsky. - In: Marie von Ebner-Eschenbach, ein Bonner Symposion zu ihrem 75. Todesjahr, 1994, S. 27-66, Zitat S. 46, Dokumentnummer 785).

37) vgl. Ebner-Eschenbach, Marie, TB, Bd 4, 4. September 1896, S. 338.
Anm.: Dass das Begräbnis Johann Kautskys - wie in der Ortschronik zu lesen - nachts stattgefunden habe, dürfte eine Legende sein.

38) vgl. Ebner-Eschenbach, Marie, TB, Bd 4, 13. Juni 1893, S. 222.

39) vgl. Ebner-Eschenbach, Marie, TB, Bd 4, 23. März 1899, S. 129.

40) vgl. Ebner-Eschenbach, Marie, TB, Bd 4, 16. Mai 1899, S. 143.

41) vgl. Brief von Marie Ebner-Eschenbach vom 29. Juli (18)92 an Betty Paoli. - WStLB, Hss, Nachlass Marie von Ebner-Eschenbach, IN 48.425.

42) vgl. Ebner-Eschenbach, Marie, TB, Bd 4, 14. Juni 1893, S. 222.

43) vgl. Ziller, vom Fischerdorf zum Fremdenverkehrsort, Bd 2, 1973, S. 105/106.

44) vgl. Ebner-Eschenbach, Marie, TB, Bd 4, 14. Juni 1897, S. 412.

45) vgl. Ebner-Eschenbach, Marie, TB, Bd 4, 20. Juni 1897, S. 413.

46) vgl. Ebner-Eschenbach, Marie, TB, Bd 4, 22. Juni 1893, S. 224.

47) vgl. Ebner-Eschenbach, Marie, TB, Bd 4, 10. Juni 1896, S. 323.

48) vgl. Ebner-Eschenbach, Marie, TB, Bd 4, 3. Juni 1893, S. 219.

47) vgl. Ebner-Eschenbach, Marie, TB, Bd 4, 27. Mai 1896 und 13. Mai 1898, S. 320 und S. 27.

48) vgl. Ebner-Eschenbach, Marie, TB, Bd 4, 18. und 22. September 1896, S. 340/341.

49) vgl. Ebner-Eschenbach, Marie, TB, Bd 4, 27. Mai 1896, S. 320.

50) vgl. Ebner-Eschenbach, Marie, TB, Bd 4, 18. und 22. September 1896, S. 340/341.

51) vgl. Frisch, Karl, fünf Häuser am See, der Brunnwinkl, 1980, S. 53/54.

52) vgl. Ebner-Eschenbach, Marie, TB, Bd 4, 30. und 31. Juli 1897, S. 421/422 sowie Ziller, vom Fischerdorf zum Fremdenverkehrsort, Bd 1, 1973, S. 202.

53) vgl. ebda., a. a. O.

54) vgl. Ebner-Eschenbach, Marie, TB, Bd 4, 6. Juni 1893, S. 220.

55) vgl. Ebner-Eschenbach, Marie, TB, Bd 4, 16. April und 12. Juni 1896, S. 310 und S. 323.

56) vgl. Ebner-Eschenbach, Marie, TB, Bd 4, 21. Juni 1897, S. 413/414.

57) vgl. Salzburger Chronik Nr. 64 vom 19. März 1916, Erinnerungsblatt an Marie von Ebner-Eschenbach, S. 3.

58) vgl. ebda., a. a. O.

Anmerkungen zu Kapitel 8:
1) vgl. Brief von Theodor Billroth aus St. Gilgen vom 30. Juni 1889 an Johannes Brahms in Wien. - In: Briefe von Theodor Billroth. Hrsg. v. Georg Fischer. 9. Aufl. - Hannover 1922, S. 377.

2) vgl. Ebner-Eschenbach, Marie, TB, Bd 4, 9. Juni 1890, S. 34.

3) vgl. Brief von Theodor Billroth aus St. Gilgen vom 8. Juli 1887 an Eduard Hanslick in Wien. - In: Briefe von Theodor Billroth, 9. Aufl., 1922, S. 341.

4) vgl. Ebner-Eschenbach, Marie, TB, Bd 4, 30. Juli 1890 und 29. März 1896, S. 45 und S. 307.

5) vgl. Brief Theodor Billroths vom 21. Februar 1889 aus Wien an Frau von Schmerling in Berlin. - In: Briefe von Theodor Billroth, 9. Aufl., 1922, S. 370.
Anm.: Billroth empfiehlt Frau von Schmerling im Namen seiner Frau Christel Marie von Ebner-Eschenbachs Werke "Die Freiherrn von Gemperlein", "Lotti die Uhrmacherin", "Wieder die Alte".

6) vgl. Ebner-Eschenbach, Marie, TB, Bd 4, 18. August 1893, S. 239.

7) vgl. Brief von Else Billroth aus St. Gilgen , datiert: 7. August, ohne Jahr, an Marie Ebner-Eschenbach in St. Gilgen.- Wiener Stadt- und Landesbibliothek (WStLB), Handschriftenabteilung (Hss), I(nventar)N(ummer) 165.978.

8) vgl. Ebner-Eschenbach, Marie: Verschollen. Eine Künstlergeschichte. – In: Ebner-Eschenbach, Marie: Sämtliche Werke in sechs Bänden. Bd 4. - Berlin 1910, S. 493-530.

9) vgl. Ebner-Eschenbach, Marie, TB, Bd 4, 3. und 27. September 1896, S. 338 und S. 342.

10) vgl. Ebner-Eschenbach, Marie, TB, Bd 4, 30. Juni 1897, S. 415.

11) vgl. Ebner-Eschenbach, Marie, TB, Bd 3, 11. Juli 1889, S. 764 und TB, Bd 4, 18. Juli 1891, S. 141.

12) vgl. Allgemeines Lexikon der bildenden Künstler von der Antike bis zur Gegenwart. Begr. v. Ulrich Thieme u. Felix Becker. (Nachdr.) Hrsg. v. Hans Vollmer. Bd 19. - Leipzig 1999, S. 35/36.

13) vgl. Ellridge, Arthur: Mucha und der Sieg des Jugendstils. - Paris 1992, S. 11 und S. 16-18.

14) vgl. ebda., S. 183 ff.

15) vgl. Allgemeines Lexikon der bildenden Künstler von der Antike bis zur Gegenwart, Nachdr., Bd 19, 1999, S.36.

16) vgl. Ebner-Eschenbach, Marie, TB, Bd 4, 8. Juli 1890, S. 41. Der Eintrag lautet: N(ach)m(ittag) nach dem Kautskyschen Künstlerheim; bekamen eine ausgezeichnete Jause u(nd) sahen die schönen Skizzen zu Dekorationen, die nach London wandern werden.

17) vgl. Ebner-Eschenbach, Marie, TB, Bd 4, 16. und 17. August 1893, S. 238.

18) vgl. Ebner-Eschenbach, Marie, TB, Bd 3, 12. Oktober 1881, 17. Oktober 1881, 20. Dezember 1881 und 20. Dezember 1882, S. 156/157, S. 170 und S. 264.

19) vgl. Coupek, Milan: Aus der Geschichte der Geschlechter Dubsky von Třebomyslic und Ebner von Eschenbach. - In: Marie von Ebner-Eschenbach. Ein Bonner Symposion zu ihrem 75. Todesjahr. - Bern (usw.) 1994, S. 20/21.

20) vgl. Ebner-Eschenbach, Marie, TB , Bd 3, 10. Dezember 1881, S. 170.

21) vgl. Ebner-Eschenbach, Marie, TB, Bd 4, 6. Juli 1893, 2. und 4. August 1893, S. 228 und S. 235.

22) vgl. Brief von Emilie Exner vom 15. Juli 1912 aus St. Gilgen an Marie Ebner-Eschenbach . - WStLB, Hss, Nachlass Emilie Exner.

23) vgl. Brief von Emilie Exner vom 29. Agustust 1905 aus St. Gilgen an Marie Ebner-Eschenbach. - WStLB, Hss, Nachlass Emilie Exner.

24) vgl. Brief von Emilie Exner vom 22. Juli 1907 aus St. Gilgen an Marie Ebner-Eschenbach. - WStLB, Hss, Nachlass Emilie Exner.

25) vgl. Brief von Emilile Exner vom 13. August 1907 aus St. Gilgen an Marie Ebner-Eschenbach. - WStLB, Hss, Nachlass Emilie Exner.

Anmerkungen zu Kapitel 9:

1) vgl. Villinger, Hermine: Wie ich Marie von Ebner-Eschenbach kennenlernte. - In: Velhagen und Klasing Monatshefte 1890, September, S. 61-64.

2) vgl. Schmid-Bortenschlager, Sigrid: Der Verein der Schriftstellerinnen und Künstlerinnen in Wien. 1885-1938. - In Jahrbuch der Universität Salzburg 1981-1983, 1984, S. 125-137, Zitat S. 125 und S. 136.

3) vgl. ebda., S. 136/137. Vgl. Ziller, vom Fischerdorf zum Fremdenverkehrsort, Bd 2, 1973, S. 205.

4) vgl. Meinel-Kernstock, Gertrude: Dora von Stockert-Meynert und der Verein der Schriftstellerinnen und Künstlerinnen in Wien. - Wien 1948. Univ. Wien, phil. Diss. 1948, S. 74.

5) vgl. Eintrag von Marie Ebner-Eschenbach in das Album von Hermine Villinger in St.Gilgen. Datiert: Juli (18)90. - Badische Landesbibliothek Karlsruhe, Handschriftenabteilung, Nachlass Hermine Villinger, Signatur K 1807.

6) vgl. Ebner-Eschenbach, Marie, TB, Bd 4, 16. August 1893, S. 238.

7) vgl. Brief von Betty Paoli vom 16. März 1894 aus Wien an Hermine Villinger in Karlsruhe. - Badische Landesbibliothek, Handschriftenabteilung, Nachlass Hermine Villinger, Signatur K 1847.

8) vgl. Ebner-Eschenbach, Marie, TB, Bd 4, 1. September 1896, S. 338.

9) vgl. Brief von Hermine Villinger vom 1. August 1890 aus Bad Ischl an Marie Ebner-Eschenbach in St. Gilgen. Vgl. auch den Brief von Hermine Villinger vom 1. August 1890 aus Bad Ischl an Betty Paoli in Wien. - Badische Landesbibliothek Karlsruhe, Handschriftenabteilung, Nachlass Hermine Villinger, Signatur K 1846 und K 1847.

10) vgl. Brief des Verlags Carl Konegen Wien vom 25. Jänner , 23. März und vom 29. März 1906 an Hermine Villinger in Karlsuhe. - Badische Landesbibliothek, Handschriftenabteilung, Nachlass Hermine Villinger, Signatur K 1858.

11) vgl. Brief von Marie Kinsky vom 27. März 1916 aus Brünn an Hermine Villinger in Karlsruhe. Vgl. auch den Brief von Marianne Kinsky vom 5. April 1916 aus Wien an Hermine Villinger in Karlsruhe - Badische Landesbibliothek, Handschriftenabteilung, Signatur K 1836.

12) vgl. Brief von Marie Kinsky vom 28. Mai (1916) aus Brünn an Hermine Villinger in Karlsruhe. - Badische Landesbibliothek Karlsruhe, Handschriftenabteilung, Signatur K 1836.

13) vgl. Fellner, Fritz: Frauen in der österreichischen Geschichtswissenschaft. Einleitungsvortrag zu der vom 24. bis 26. Oktober 1982 in den Räumen des Instituts für Geschichte in Zusammenarbeit mit der Gesellschaft für Geschichte der Neuzeit abgehaltenen Tagung "Frauen in der österreichischen Geschichtswissenschaft". - In: Jahrbuch der Universität Salzburg 1981-1983, 1984, S. 107-123. Zitat S. 108.

14) vgl. ebda., 109/110.

15) vgl. Brief von Emilie Exner vom 5. Juli 1899 und vom 4. August 1899 aus St. Gilgen an Marie Ebner-Eschenbach. - WStLB, Hss, Nachlass Emilie Exner, Ja. 81.082 und 58.702.

16) vgl. Marie von Ebner-Eschenbach. Letzte Worte. Aus dem Nachlass hrsg. v. Helene Bucher. - Wien (usw.) 1923.

17) vgl. Brief von Emilie Exner vom 24. Jänner 1901 aus Wien an Marie Ebner-Eschenbach. - WStLB, Hss, Nachlass Emilie Exner, Ja 81.082 und 58.702.

18) vgl. Brief von Emilie Exner vom 15. Juli 1912 aus St. Gilgen an Marie Ebner-Eschenbach. - WStLB, Hss, Nachlass Emilie Exner, Ja 81.082 und 58.702.
Emilie Exner erklärt, warum sie sich so aktiv für die Sommerkurse einsetzt: Ich möchte einmal etwas zu Stande bringen, was nicht der höheren Tochter einen angenehmen Zeitvertreib bietet, sondern jene Mädchen, die sich einem Beruf zuwenden, gut vorbereiten fürs Leben. Es war eine große Mühe, alle die Lehrer zu finden, u. es wird sich zeigen, ob Schülerinnen kommen, u. das Unternehmen auch materiell möglich ist.

19) vgl. Brief von Sigmund Exner vom 25. Jänner (19)04 aus Wien an Marie Ebner-Eschenbach. WStLB, Hss, Nachlass Sigmund Exner.

20) vgl. Ebner-Eschenbach, Marie, TB, Bd 4, 10. Juni 1891, S. 132.

21) vgl. Ebner-Eschenbach, Marie, TB, Bd 4, 16. Juli 1891, S. 140.

22) vgl. Meinel-Kernstock, Gertrude, Dora von Stockert-Meynert und der Verein der Schriftstellerinnen und Künstlerinnen in Wien, 1948, S. 155.

23) vgl. Ebner-Eschenbach, Marie, TB, Bd 4, 20. August 1896, S. 336.

24) vgl. Cella, Ingrid: Die Genossen nannten sie die "rote Marlitt". Minna Kautsky und die Problematik des sozialen Romans, aufgezeigt an: Die Alten und die Neuen. - Österreich in Geschichte und Literatur, 25.1981, Heft 1, S. 16-29. Zitat S. 19.

25) Brief von Friedrich Engels an Minna Kautsky vom 26. November 1885. - In: Marx/Engels: Über Kunst und Literatur. Hrsg. v. Manfred Kliem. Bd 1.2. - Berlin 1967/68, Bd 2, S. 322, zit. nach Ingrid Cella.

26) vgl. Ebner-Eschenbach, Marie, TB, Bd 4, 13. Juni 1890, S. 35.

27) vgl. Ebner-Eschenbach, Marie, TB, Bd 4, 13. Juni 1896, S. 323.

Anmerkungen zu Kapitel 10:
1) vgl. Bittrich, Burkhard: Marie von Ebner-Eschenbach. Unsühnbar. Kritisch hrsg. u. gedeutet von Burghard Bittrich. - Bonn 1978 (= Marie von Ebner-Eschenbach. Kritische Texte und Deutungen.1), S. 236.

2) vgl. Ebner-Eschenbach, Marie, TB, Bd 3, 10. März 1889, S. 740.

3) vgl. Bittrich, Burkhard, Unsühnbar, 1978, S. 238.
<u>Anm</u>.: Bittrich gibt kein Datum des Briefes an Rodenberg an.

4) vgl. Brandt, Helmut: Marie von Ebner-Eschenbach und die "Deutsche Rundschau". - In: Die österreichische Literatur. Ihr Profil von der Jahrhundertwende bis zur Gegenwart (1880-1980). Hrsg. v. Herbert Zemann. T. 2. - Graz 1989 (= Die österreichische Literatur. Eine Dokumentation ihrer literarhistorischen Entwicklung), S. 1004/1005.

5) vgl. Bittrich, Burkhard, Unsühnbar, 1978, S. 239.

6) vgl. Ebner-Eschenbach, Marie, TB, Bd 4, 16. Juli, 22.24. Juli, 27. und 28. Juli 1890, S. 42-44.

7) vgl. Ebner-Eschenbach, Marie, TB, Bd 4, 14. Juni 1890, S. 35.

8) vgl. Ebner-Eschenbach, Marie, TB, Bd 4, 26. Dezember 1891, S. 175.

9) vgl. Ebner-Eschenbach, Marie, TB, Bd 4, 8. Juni 1891, 16. Juni 1891, 7. Juli 1891, 11. Juli 1891, 16. Juli 1891 und 25. Juli 1891, S. 132-142.

10) vgl. Ebner-Eschenbach, Marie, TB, Bd 4, 31. Juli 1896, S. 332.

11) vgl. Ebner-Eschenbach, Marie, TB, Bd 4, 11. August 1896, 17. August 1896 und 21. August 1896, S. 334-336.

12) vgl. Ebner-Eschenbach, Marie, TB, Bd 4, 26. Oktober 1896, S. 350.

Anmerkungen zu Kapitel 11:
1) vgl. Ebner-Eschenbach, Marie, TB, Bd 4, 22. Juli 1893, S. 232.

2) vgl. Ebner-Eschenbach, Marie, TB, Bd 3, 11. Juni 1882, S. 225 und 1882, Anhang, 14.27. Juni 1882, S. 272.

3) vgl. Ebner-Eschenbach, Marie, TB, Bd 3, 26. August 1882 und 5. Oktober 1882, S. 241 und S. 248.

4) vgl. Ebner-Eschenbach, Marie, TB, Bd 3, 25. Jänner 1883, S. 294.

5) vgl. Ebner-Eschenbach, Marie, TB, Bd 4, 26. August 1893, S. 241.

6) vgl. Kretschmann, Carsten: Marie von Ebner-Eschenbach. Eine Bibliographie. - Tübingen 1999 (= Marie von Ebner-Eschenbach. Kritische Texte und Deutungen. Ergänzungsband 1), S. 144/145.
<u>Anm</u>.: Zuletzt erschien die Erdbeerfrau 1952 im Herman-Schroedel-Verlag, Hannover, in der Anthologie "Krambambuli und andere Geschichten".

7) vgl. Wiener Biedermeier. Malerei zwischen Wiener Kongress und Revolution. Hrsg. v. Gerbert Frodl und Klaus Albrecht Schröder. - München 1993, Tafel 96 und 97.

Bildquellen:

Archiv für Ortsgeschichte St. Gilgen, falls nicht anders vermerkt.
Fotos: Horst Ebeling: 46, 47, 48.
Fotos: Augustin Kloiber: 1, 10, 13, 31, 58.

Die Verfasserin bedankt sich an dieser Stelle besonders bei den Mitarbeiterinnen und Mitarbeitern der Handschriftenabteilung der Wiener Stadt- und Landesbibliothek, der Handschriftenabteilung der Badischen Landesbibliothek Karlsruhe, der Bibliothek des Germanistischen Instituts der Universität Salzburg, der Fotoabteilung und der Bibliothek des Salzburger Museums Carolino Augusteum, des Heimatkundlichen Museums und des Archivs für Ortsgeschichte St. Gilgen für die freundliche Hilfe und die tatkräftige Unterstützung.

Werkeverzeichnis - Marie von Ebner-Eschenbach

Die Prinzessin von Banalien. Ein Märchen. Wien: Rosner, 1872.
Erzählungen. 1875.
Bozena. Erzählung. Stuttgart: Cotta, 1876.
Aphorismen. Berlin: Ebhardt, 1881.
Neue Erzählungen. Berlin. Ebhardt, 1881.
Dorf- und Schloßgeschichten. Berlin: Paetel, 1883.
Zwei Comtessen. Berlin: Ebhardt, 1885.
Neue Dorf- und Schloßgeschichten. Berlin: Paetel, 1886.
Das Gemeindekind. Berlin: Paetel, 1887.
Die Unverstandene auf dem Dorfe. Erzählung. Berlin: Paetel, 1888.
Miterlebtes. Erzählungen. Berlin: Paetel, 1889.
Ein kleiner Roman. Berlin: Paetel, 1889.
Unsühnbar. Erzählung. Berlin: Paetel, 1890.
Margarete. Stuttgart: Cotta, 1892.
Drei Novellen. Berlin. Paetel, 1892.
Parabeln, Märchen und Gedichte. Berlin. Paetel, 1892.
Glaubenslos, Erzählung. Berlin: Paetel, 1893.
Gesammelte Schriften. 6 Bde. Berlin. Paetel, 1893.
Gesammelte Schriften. 10 Bde. Berlin: Paetel, 1893-1911.
Das Schädliche. Die Totenwacht. Zwei Erz. Berlin: Paetel, 1894.
Rittmeister Brand. Bertram Vogelweid. Zwei Erz. Berlin. Paetel, 1896.
Alte Schule. Erzählungen. Berlin: Paetel, 1897.
Am Ende. Szene in 1 Aufzug. Berlin: Bloch, 1897.
Hirzepinzchen. Ein Märchen. Stuttgart: Union, 1900.
Aus Spätherbsttagen. Erzählung. 1901.
Bertram Vogelweid. Erzählung. Berlin: Paetel, 1901.
Ein Spätgeborener. Stuttgart & Berlin: Cotta, 1903.
Agave. Berlin: Paetel, 1903.
Die arme Kleine. Erzählung. Berlin. Paetel, 1903.
Die Freiherrn von Gemperlein. 1904.
Uneröffnet zu verbrennen. Berlin: Neelmeyer, 1905.
Krambambuli. 1905.
Die unbesiegbare Macht. 2 Erzählungen. Berlin: Paetel, 1905.
Meine Kinderjahre. Biogr. Skizze. Berlin. Paetel, 1906.
Aus meinen Schriften. Ein Buch für die Jugend. Berlin: Paetel, 1907.
Ein Buch, das gern ein Volksbuch werden möchte. Aus den Schriften von E.-E.

Die Autorin

Renate Ebeling-Winkler, Mag. phil.,
geb. 1951 in Seewalchen am Attersee,
lebt in München, Salzburg und
Schörfling am Attersee.
Studium der Germanistik und Geschichtswissenschaft
an der Universität Salzburg.
Lehrerin im bayerischen Schuldienst.
Mehrjährige Tätigkeit in wissenschaftlichen Bibliotheken
und im Salzburger Museum Carolinum Augusteum.
Regional- und kulturgeschichtliche
Publikationen mit dem Schwerpunkt
Salzkammergut und Salzburg.